落語は生《ナマ》に限る！

【偏愛的落語会鑑賞録】

日原雄一

彩流社

目次

序章　コロナのさなかの客席で　5
第一章　立川流と新作派　二〇一一〜二〇一三年　9
第二章　柳家喬太郎とレジェンド、そして若手の精鋭たち　二〇一四〜二〇一七年　31
第三章　イエス玉川の浪曲と、配信とソーシャルディスタンス　二〇一八〜二〇二二年　59
第四章　落語の本やらＤＶＤやら　97
第五章　忘れたくないあのひとたち　121
あとがき　《偏愛的寄席がよい》について　143

序章　コロナのさなかの客席で

さいしょの緊急事態宣言の発令前後。二〇二〇年の春。落語会はほとんど中止になった。戦時中もやっていた寄席も、閉まった。

実際に客を入れることができないから、ネット配信でのオンライン落語会が増えた。橘家文蔵の「文蔵組落語会」、柳家喬太郎の「文春落語オンライン」。落語界ではネット関係にいちばんくわしい立川こしらも、独演会や大喜利の配信をやっていた。

精神科医としてのおもたい業務のかたわら、気ばらしに落語を聴くのを趣味としていた私は、ライブ落語ロスで、たちまちメンタル瀕死になりました。ふだんも立川談志や八代目橘家圓蔵のビデオなど、今は亡き名人や現代の人気者をCD、DVDでたのしむのは好きだった。

けれど、やっぱり、それだけじゃだめなんだ。

落語は生、ライブが重要なのだと、しみじみとかみしめた二カ月だった。

六月になって、ようやく緊急事態宣言が明けて。寄席にいざ行ったって。

客席で目をらんらんと輝かせて、演者の一言一句に耳をそばだてて、五秒に一回は大笑いをしているわけではない。あくびをかみしめながら、つまらない高座をジト目でながめているのである。たまにすきな落語家さんが出るときだけ、目をぱっとかがやかせる。その落語家さんが高座から去ると、またジト目の私に戻る。

この時間は私にとって、とてもたいせつな時間だったのだ。そのことを、しみじみと感じました。

二〇二一年の三月末。今年も池袋演芸場では、新作落語台本まつりである。

ちょうど初日は、二度目の緊急事態宣言が明ける日で。

朝から雨がざあざあぶりで、出掛けるときも、雨風がモノスゴイ勢いでふきすさんでいる午後だった。

そんなさなか。濡れネズミになって池袋にたどりついて。空いた、すさんだ客席で聴けたのは、三遊亭丈助の「老人前座じじ太郎」。三遊亭たん丈といった二つ目さんのころは、とにかく下手だ、面白くない、つまらないと、とても評判がわるくて、もともと四十すぎというかなり高齢での入門だったが、歳を重ねて、なんともいえない味がでてきていた。「なまはげ小噺」も、一部には人気らしい。

丈助さんにはあんがい古典落語とか、ＳＦ的な話が似合うのではないか。なんておもったりもする。そのあとの夢月亭清麿は、十八番の「東急駅長会議」を聴かせてくれた。シブい高座をふたつ聴いて、また雨に濡れたい心地になった。
外へ出ると、雨は少しやみかけていて。つくづくタイミングがわるいのだった。

第一章　立川流と新作派　二〇一一～二〇一三年

「東京ボーイズコレクション　立川談志作品集」

（二〇一一年二月二十一日、東京芸術劇場）

「天気が良ければ晴れだろう、天気が悪けりゃ雨だろう」

二人の老人は舞台に上がるなり、ウクレレひきつつこう歌う。

「雨が降ろうと風が吹こうと、朗らかに～」

なるほど朗らかなのである。この日も東京ボーイズは、歌謡漫談に政治家のモノマネで客席を沸かせた。芸歴四十年を越す大御所。なのに、重厚さなど微塵もない。なにも後に残さない、力の抜けた芸風のグループだ。

彼らの「生みの親」が、立川談志だという。今回の独演会は、その談志の「作品集」と銘打った。

メインの東京ボーイズばかりでなく、ゲストの二人もそれに含まれる。

談志の弟子の談笑は、「私のいちばん面白いネタを」と前置きして「時そば」を。のんびりした古典落語に、過激なスパイスがぶちまけられている。バイオリン漫談のマグナム小林も、談志一門「だった」ことは有名だ。破門された理由は、「うっかり上納金を払い忘れまして。ついうっかり、四年半ばかり」ということだそうである。

談志自身はスペシャルゲストとして、ジョークを交えつつ近況を語る。相変わらず声はつらそうだが、二十分の高座をつとめた。

「むかし、独演会に遅刻して、客席の後ろから怒鳴ったことがあります。なにしてやがる、早く始めろォ！　って……今は無理でしょう。このかすれ声じゃ聞こえない」

客席から微妙な笑いが起きると、談志の頬が少し緩んだ。その表情は、とても、かわいく思えた。このかわいさにやられて、また談志の出る会のチケットを買ってしまうのだ。

三遊亭円丈・柳家小ゑん「第三十二回無限落語」

（二〇一一年四月十六日、お江戸日本橋亭）

「マンガの神様」といえば。もちろん手塚治虫である。それまでとは違う革新的なマンガを生み出し、藤子不二雄の二人、赤塚不二夫やつのだじろうなど才能ある弟子を育て、多くの名作はいまも読みつがれている。

なら「新作落語の神様」といえば。三遊亭円丈だろう。藤子・F・不二雄は柳家小ゑんにあたる。違いは、円丈も小ゑんもまだ死んでないということだけだ。神が生きて、演じてくれている、このありがたさ。

そんな二人による新作落語の会「無限落語」も、これで三十二回目。古今亭駒次・林家彦いち・林家きく麿をゲストに呼んだ今回は、刺激的なサブタイトルがついている。

「若手よ。円丈、小ゑんの屍を超えて行け!」

いや、まだ死んでないでしょ。それとも新作落語家として、既に息の根を止めてしまったということか。

そんな不安を抱いて出掛けたけれど、いやア元気元気! 若手に負けぬ充実した高座を見せてくれた。

小ゑん「夜明け前」は、落語家の修行時代を描いた物語。大いに笑ったあと、しみじみとした気持ちになる。いい噺を聴いたなあ、と思う。円丈「バー・タクラマカン」はネタおろしだ。弟子の作品をアレンジし、円丈独自の工夫を加えた。「タクラマカン」という名前が覚えられない、とつぶやいて会場を心配させるが、それでも実力を見せつける高座だった。

もっとも、若手も負けちゃいない。駒次は得意の鉄道ネタ、「泣いた赤い列車」で客席をしんみりとさせ、きく麿「強情チャーハン」は文字どおりの熱演だった。人気者の彦いちも、人情噺「どしゃぶり親子」で爆笑をとっている。

老いも若きも、それぞれ個性的。落語の未来は、まさに無限だ。

（トーキングヘッズ叢書No.47「人間モドキ」二〇一一年七月）

立川志らく一門「志らくと一門精鋭の真打トライアル！」
（二〇一一年五月三十日、渋谷文化総合センター大和田伝承ホール）


「真打になりたいんです、みんな」

最初に志らくはこう述べた。落語家は、真打となって初めて一人前。弟子もとれれば寄席のトリもとれる。ギャラだって上がる、らしい。

数多い志らくの弟子のうち、真打にふさわしい者はいるのか。師匠と観客で判定しようという、緊張感あふれる落語会である。こんなことができるのも、「狂気」を看板にしたこの一門ならではか。

挑戦するのは四人。トップバッターのらく朝は、現役の医師で師匠より年上だ。落ちついた語りで場内を唸らせ、沸かせる。お次の志ら乃は対照的に、早口でテンポよくギャグを畳みかけた。若き日の師匠を彷彿とさせる芸風で、演目も志らく十八番から「粗忽長屋」。

気合いの入った高座が続く一方、いたってマイペースなのがこしらである。総領弟子の余裕か、いつも通り軽すぎる風体だ。先ほど受付から盗んだものがあると話しだし、おもむろに懐から出したのは、観客に配られた投票用紙！

「いっぱい持ってきちゃいましたあ！」との明るい笑顔に、場内は割れんばかりの大爆笑。この後の志ららはやりにくそうに、それでも工夫ある「ちりとてちん」を演じた。

ここで休憩、投票用紙の回収。

悩んだ、悩んだ。みんな実力があるのはもちろん、師匠の「狂気」をしっかりと受け継いでいたから。

志らく師による総評のあと、いよいよ得点の発表である。結果は、志ら乃・こしら・志らら・らく朝の順。まあ、妥当な線だろうか。

誰が本当の真打となるかは、次回以降に持ち越しとなった。でも、もう全員真打でいいような気がする。十五分の持ち時間を、みんな充分すぎるほど濃密なエンターテイメントに仕立て上げ、落語はもちろん面白かったもの。

ああ一刻も早く、この四人の真打披露興行が見たい！


（トーキングヘッズ叢書No.47「人間モドキ」二〇一一年七月）

三遊亭天どん・春風亭一之輔・三遊亭玉々丈「らくご男子高 夏期講習」

（二〇一一年七月三日、黒門亭）

羨ましいと思っていたのである。「女性限定」「レディースデー」なんて表記を見るたびに、我が身の不運を嘆いていたのである。どうして男と生まれたんだろう、と。

けれどもこの会に参加できたことで、多少の埋め合わせにはなりました。男性のみ入場可・女人禁制の落語会。

まずメンバーがすごい。天どん・一之輔・玉々丈。三人とも独特で面白くて、だいすきな落語家さんだ。

しかも一之輔さんは、この日はとんでもない噺を聴かせてくれた。古典落語「ざるや」の改作なんですが、もう下ネタのオンパレード。「今年でいちばん受けた」らしいけど、こんなのもう二度と聴けないと思う。

それに触発されてか、天どんさんもすさまじい高座だった。

「前のがあんなのだったんで、まともな噺をやります」

大ウソである。普通に古典を演じても、フシギな魅力が滲み出る天どんさん。まともな噺をやるわけがない。古典落語「たぬき」にマニアックなギャグを詰め込んで、キャラクターも大幅にアレンジし、たどりついた先は予想もつかぬ落ち。さすが、十四年の芸歴は伊達じゃない。前の二人が凄すぎて、おしまいの玉々丈が至って普通に感じてしまった。新作落語「ニワトリ」、とっても素敵な噺なんだけれど……。ウニとカレーを食べた後では、白身魚の味わいはわからないのである。ただ、刺激的な落語ばかり聴き続けても疲れるし、これでバランスがとれた気もする。

三人によるオープニングトークも楽しかった。ヒッドイ話題で盛り上がり、笑い過ぎてめまいがするほど。私も男子高出身だが、あれだけ笑ったことがあったかどうか……。

この会に「次」があるとすれば、冬期講習の時期かしらん。うーん、待ちきれないな。

（トーキングヘッズ叢書No.48「食とエロス」二〇一一年九月）

立川志らく一門「真打トライアル伝承ホール編・パートⅡ」
（二〇一一年十月三十一日、渋谷区文化総合センター大和田・伝承ホール）

どうです。観ましたか、志らく一門のクオリティの高さを。と高座に上がるなり、こしらさんも自画自賛である。観ましたよォ存分に観た。最低でも「志らら」なんだもの。もっとも、最高でも「こしら」だけれども。本格派のふたりが得点の二位と三位で、トップもビリも色物派という奇妙な事態が起きていた。

遂に最終回だったんである。観客の投票と師匠の点数により、立川志らく一門の四人から真打昇進者を決定しようという刺激的な落語会も、誰が泣こうが笑おうがこれでおしまい。もしかしたら全員笑いっぱなしかもしれないし、オール号泣の可能性もあった。その場合、志らく師匠も泣いていたことだろうが。

最初の出番の立川志ららは、開口一番です、と早くも自虐モード全開で笑いを取る。

「まだピリピリしなくていいですよ。得点の低い順に出てくるんで」

そうなのだ。順番は毎回固定されているのに、今回たまたまそうなったのだから運命的なものを感じる。

もっとも、志ららさんが一番手にしてビリだからって、決して侮っちゃいけない。得点は最低でも、実力がないわけじゃないのだ。高田文夫の付き人もして、お笑いライブの前説も数多くこなしてきた。この日のような浅めの出番では、しっかり笑わせて次へつなげる。この日も「風呂敷」で、ドタバタ劇の中に艶っぽさまで漂わせ高座を去った。

らく朝さんはろくに枕も振らず、すっと「百川」の世界へ突入。新しい奉公人百兵衛のする返事「うっひぇえっ！」が、今日はことさら破壊的だ。聞けば、楽屋でもここだけを熱心に稽古していたというから気合が入ってる。

この辺からピリピリしてくださいね、と志ららさんも言った通り、立川志ら乃の出囃子「肥後手鞠歌」も今日はどこか硬めに聞こえる。普段なら、あんたがたどこさ・肥後さ・肥後どこさ……という軽やかなメロディに思わず肩を揺らしてリズムをとる客もいるというのに。それでも、「宿屋の富」というめでたい噺で客席は盛り上がる。富くじに当たったのを知った男が、揃って「まぁ～ああ！　まぁ～ああ！」とアフリカの鳥類みたいな声を出すところなど、先月の独演会「志ら乃大作戦」で聴いた時より格段に面白くなっていた。

最後のこしらさんは、やっぱりこしら路線。ぜんぜん力はいってない。「三年前から真打のつもりでやってますから！」と強気なことを言ったかと思えば、少し前にあった落語会でのエピソードを話す。志らく師匠ったら、「こしらが真打？　ヤだよ」と笑いを取っていたそうなのだ。おいおい。そんな状況下でも、「師匠の志らくに捧げます。聴いてください、立川こしらで『たいこ腹』」とDJ風に落語本篇へ。そこここに独自のギャグを突っ込み、登場した幇間のキャラは、現代の若手芸人だ！

「はいどうも～一八でぇーす」って、もうこれ古典落語じゃないよ。初めて聴いたときは、驚きのあまり笑うのを忘れちゃったぐらい。

休憩をはさみ、師匠志らくの講評。それぞれ長所もあり短所もあるけど、真打と認めるには、師匠と弟子に「価値観の一致」がなければ……ということで抜き打ちテスト！

もっとも、さっきの四人の高座よりかは、ピリピリ感は薄れてる。「僕も落合好きです！」というこしらさんに、「野球は関係なくて」と突っ込む師匠。「好きな懐メロは？」という問いには、最年長のらく朝さんさえ「懐メロはあまり……」と口ごもるし、こしらさんは「戸川純です！」と大ボケ。思わず「大喜利じゃねえよ」と口をはさむ志ららさん。志ら乃さんは緊張しながらも、ようやく「藤山一郎」の名前をひねり出した。

師匠は頭を抱えながら、「苦渋の決断で……」と溜め息。得点のツートップ・こしらと志ら乃に、真打仮免許を出した。「本来なら一位だけなんだけど、まさかこしらだけってわけにも」とは、後日の志らく師匠の弁。でも、これが一番いい結末だったと思う。志ら乃さん、何年も前から真打に向けて頑張ってたし。こしらさんも「キワモノ真打」なんて、唯一無二の称号をもらってた。「真打の披露目のときに、価値観についてまた訊くから」と釘を刺されていたものの、とりあえずおめでとう！　こしらさん志ら乃さん。

数日後のふたりの独演会に行ったけど、抑圧がとれたためか弾けまくっていた。そして志ららさんとらく朝さんの、リベンジがたまらなく楽しみである。

（トーキングヘッズ叢書 No.49「キソウ／キテレツ系」二〇一二年一月）

三遊亭天どん「品川心中」（二〇一一年十月二十三日、鈴本演芸場・早朝寄席）

名前からしてこれだもの。「三遊亭天どん」。師匠・円丈は何を考えてこの名をつけたのだろうか。単に天丼が食べたかっただけか。それにしても、師匠の名前が一文字も入っていないのは可哀そうだ。

「もうね、もう勘弁してほしいっすよ。そろそろ変えたいっすよ」

この日、トリで上がった天どんさんは、高座に上がるなりこう呻いた。入門して十四年。ずっとこんな変な名前で耐え忍んできたわけだ。

が、名前を変えるにも、タイミングというものがある。普通は、二つ目から真打になるときに変える。本来ならその時期は間もなく来る、はずだった。が、落語協会会長柳家小三治の決断で、来年の真打昇進は春風亭一之輔・古今亭朝太・古今亭菊六の三人のみ。いずれも天どんさんより入門歴が浅い。つまりは天どんさん、追い抜かれたということ。

「これからはね、グイグイ抜かれてこうと思いますよ。グイグイと」

そう自虐的に繰り返す姿が、おかしくてたまらない。そして演じたのは、古典落語の大ネタ「品川心中」。

品川の花魁お染は、住み替えの金ができなくて悩んでる。自分より年下の娘たちは、どんどん遊郭から足を洗っていくというのに。歳をとってるから人気もなくなるし、後輩の花魁からは馬鹿にされ……ついに自殺を決意するという話だ。

あれれれ。これって天どんさんの今の状況、そのままではないか。

落語の中のお染は、いよいよ海へ飛び込もうというところで、贔屓の客に助けられる。天どんさんもそうであってほしいと思う。この落語家の口から出る、ゆるゆるな噺の魅力は、小三治会長のものと比しても決して劣るものでないからだ。と言えば言い過ぎのような気もするが、まあいいや景気づけだ。

この日は他に、初音家左吉が「ぼやき酒屋」、桂三木男が「お化け長屋」、古今亭大五朗が「強情灸」を演じた。どれも満足のいく出来だったけれど、トリの天どんさんが全てかっさらった印象だ。たとえこの三人の後輩に抜かれても、天どんさんはどこまでも我が道を行ってほしいと思う。と、書いていたら、ひとりは廃業しちゃったけれど。

（トーキングヘッズ叢書No.49「キソウ／キテレツ系」二〇一二年一月）

立川志らく一門「志らく一門会ANNEX」

（二〇一二年三月十七日、草月ホール）

元気すぎるだろ高田文夫。って、この日は感じちゃったんだ。

四月から二つ目に昇進する予定の三人、らく八・らく太・らく兵が主役のはずの会なのに、完全に差し置かれちゃってた。まあ、彼らの師匠・志らくにとっても、第二の師匠とも言うべき人物である。志庵たちからしたら「大師匠」みたいなものにあたるわけなんだから、緊張して心臓がバクバクいっても当然と思うのだ。この約一カ月後、今度は高田文夫の方が、心臓バクバクいって緊急入院する羽目になろうとは夢にも思わなかった。

この日の落語は、全員が自分の十八番を演じた。当たり前だ、と思われるかもしれないが、これってすごいことなのだ。だって、開口一番の志ら乃さんはともかく、他の四人の落語家さんは、自分の意志で演目を決定したわけではないのだから。

ではどうして決めたのかというと。くじ引きである。三人の兄弟子、志ららさんと志ら乃さんが、五十の演目を書いたカードを箱から引いた。試しに、と志ららさんが引いたのは、「金明竹」だった。関西人の言葉が江戸っ子にはわからない、という場面を描いた落語だが、これを師匠の志らくは「関西訛りのカタコトを喋る外国人」にして演じている。別に志らく師は縛られる必要ないのに、敢えて弟子たちの趣向に加わってみせてくれた。

くじの結果は、らく兵「洒落小町」・らく太「親子酒」・らく八「転失気」。いずれも、二つ目昇進試験の会で掛けたネタや、昇進の祝いで出演した会やらで聴いたことのある演目でした。「洒落小町」では、亭主を楽しませようと女将さんが歌う曲に、らく兵さんは妙なセレクトをしていた。「サンマ、それサンマ、安くておいしいサンマ～」なんて調子が、今でも耳に残っている。らく八さんの「転失気」も、小僧さんに馬鹿にされる和尚さんのいい加減さを示すためか、イスラム教やらキリスト教の経文も混ぜ込まれていた。

そしておしまいに、高田文夫と立川志らくのトークコーナー。これがいちばん盛り上がりました。テーマは「立川談志が遺したもの」。高田文夫は、談志が立川流を創設した際に一番に駆け寄って、

「Bコース」として弟子入りし真打にもなった。高田文夫と志らくは日大のオチケンつながりで、その縁で志らくも談志の弟子となったのだ。

そういうエピソードを話した後、志らくがさっきの弟子三人を高田文夫に紹介したわけですが……まあ、三者三様の反応で、大笑いしてしまった。

改めていうまでもないかもですが、高田文夫先生、やっぱ突っ込みの天才なんですね。ラジオの「ビバリー昼ズ」はいつもきいてるけど、舞台だとさらにパワフルな感じだ。らく兵さんの顔が「旧日本兵」に似ていること、らく八さんが「志庵《しえん》」なんて読みにくい名前に改名することを散々いじったり、終いには「俺はトンチマンだから」なんて自称しだす始末。

なんなんだトンチマンって。それに、面白いことを言った後、ちょっと照れたように自分でも笑うんだ。その顔がとっても可愛らしい。もちろん他の人の話には、ゲラゲラ大声をあげて笑う。この大笑いがまた聴けるよう、復活してくれてよかった。

（トーキングヘッズ叢書No.51「魔術的イマジネーション」二〇一二年七月）

柳家花ん謝「花ん謝M」（二〇一二年十二月十日、らくごカフェ）

勿体ないのMである。同じ会場では花ん謝さん、「花ん謝R」ってのも隔月でやってる。そっちは落語メインだが、こちらは「柳家花ん謝トークライブ」というようなことなんだけれど、中身はトーク以外も盛りだくさん。あ、盛りだくさんのMかもしれない。

でも客席の方は、盛られるほどたくさんでもないのが、ホントに勿体なくて惜しいところだ。「花ん謝M」ももう三回目ぐらいなはずだが、「会員制みたいなもんでね」って花ん謝さんも言っちゃうぐらい、客席も固定メンバーらしかった。初めての私でも、ちょっと感じちゃう疎外感。

花ん謝さんは落語の前の、マクラがめちゃめちゃ面白いひとだ。あれ、マクラのMかしらん、とか思うたびいちいち書いてくの面倒なんで、疑わしい文句は今後、二重鉤括弧でくくってくことにする。と宣言しといて実際にはそんなのないパターンかなこれは。

『まあ』とにかく、忘れるといけないから早速練習してみましたが、でもこの「花ん謝M」はやりたい放題の、「ジャイアンリサイタルみたいな会」だと花ん謝さんは言うものの……思い切り満喫しちゃいましたけど。ジャイアンはジャイアンでも、綺麗なジャイアンのほうかもしれない。

最初は、亡くなった勘三郎さんとの思い出ばなしでちょっとシンミリ、させといて、あとはひたすら下らないコーナー。花ん謝さんのおとうと弟子を遊びで撮った偽ドキュメンタリー番組「圭花さんぽ」・「花いち大陸」を解説しながら上映して。これがまた、実にバカバカしくていいんだ。花いちさんちのテレビ前に、師匠・花緑のDVDがAVに挟まれて置いてあったり、古典落語「時そば」の稽古でゲーム機のタッチペンを使ったり。ラストはナレーションで、「いま、柳家花いちが面白い」。これ撮ったの二年前らしいけど。

他にも、花ん謝さんが懐メロを歌った録音の鑑賞から、全員に何かが当たる抽選会まで。お祭りみたいな楽しさだった。ああ、祭りってのは要・二重鉤括弧なフレーズですね。

そうそう、どんな流れで出てきたのかもうおぼえてないけど、ツタヤの自動レジの話もしてた。エッチなビデオを借りるとき、以前は女の店員に当たるのがいやで列に並び直したりもしたもんだったけど、無人だから気をつかわなくて済む、でもそれっていいのかわるいのか、という話。私はネットトレンタル派ですね。何の話だ。むっつりスケベな話だ。ああこれも二重鉤括弧で。

（トーキングヘッズ叢書No.54「病院という異空間」二〇一三年四月）

三遊亭萬橘襲名真打昇進披露興行「さあ！ お祭りだ！」

（二〇一三年三月九日、お江戸両国亭）

四代目三遊亭萬橘師匠、言われ放題の夜だった。

「ボロボロの萬橘」「グズグズの萬橘」。襲名披露口上より、一門の兄弟子・三遊亭道楽の言。初代萬橘が「ヘラヘラの萬橘」との異名をとったことにちなんでだ。もっとも当人の道楽師も、直前の高座では大切なフレーズを間違えたり、「カミカミの萬橘」と言おうとして自分が噛み噛みになったり、「俺がグズグズじゃねえか」と振り返るような事態だったわけだけど。

スペシャルゲストの紙切り・林家正楽は、「萬橘」をお題に「萬橘師匠がきつつきを見て、昔は俺もああだったなあと思いだす姿」を切ったり、法律漫談のミスター梅介もトリの萬橘師のため時間をつめたりと、萬橘祭り感いっぱいだった。三遊亭竜楽は「味噌豆」のフランス語バージョンだったし。浮かれすぎ。

萬橘師が登場すると、待ってました、おめでとうと声がかかって、拍手はずいぶん長く続いた。

「みんなスペシャルゲストのお陰です。と、自分に言い聞かせているところで……」

その言にたがわず、自信と実力が溢れだすような高座だった。

大学時代は留年、そして中退で親に迷惑をかけ、落語家になるのも大反対されたという過去を語り、入った噺は「抜け雀」。一文無しの絵師が旅館に泊まり、残していった雀の絵が。絵の雀が屏風から抜け出すんである。それが評判になり、宿は繁盛するが、この絵には実は「抜かりがある」。雀の休める場所がないという。その絵を見た絵師の父親は、屏風の絵にトリかごを加えてやる。

息子の絵師が宿屋に戻ってきて。絵の雀が抜け出すような傑作を描いて、お父さんにとったら、さぞ自慢の息子だろうと言われる。いや親不孝者だ、「親をかごかきにした」。まあ、息子の後始末は、親がするものだけれど。

うちの親も頑張っている、というか頑張らせてしまっているわけだが。ありがたいものである。抜ける雀は描けそうにないが、いろんなひとのご加護があってなんとか生きておりますわ。

（トーキングヘッズ叢書 No.55「黒と白の輪舞曲」二〇一三年七月）

川柳つくし「ソング・コップ」
（二〇一三年十月一日、鈴本演芸場、落語協会インターネット落語会十月中席）

あれ、つくしさん、こんなかんじだったっけ。いやはやびっくりでした。

これまでのつくしさんは、つまらなくはないはずなんだけど、なぜかダダ滑りしてる印象だった。痛々しさすら感じたこともあった。我が身をみているようなつらさまであったのだ。

でも、ですよ。とうとう迎えた真打披露の高座。フツーに面白かった。いやいやとっても面白かった。

直前に、師匠の川柳川柳が酔って転んで骨折したという微妙にハードなマクラから、得意ネタ、のはずの「ソング・コップ」。歌っていて音程がはずれると逮捕されてしまうという、音痴には恐怖の新作落語だ。

こんなしょうもない噺が、ちゃんと面白く聞けてしまったので本当に驚いたわけです。披露目の熱気のせいかなあ。いや、会場の空気まではわからないんだけど。

この高座をライブじゃ観ちゃいないので。Youtubeの動画だけで評するという三遊亭円丈「落語家の通信簿」システムを採用させていただきました。つくし師匠の会もこれから観にいきますが、その前にこの感動のようなものを書き残しておきたかったのです。

ライブで聴いて落胆したら、まあ、そのときはお詫びに、私も足の骨を折りますよ。指つめるといろいろ面倒なんで。

（トーキングヘッズ叢書No.57「和風ルネサンス」二〇一四年一月）

三遊亭天どん「カベ抜け」（二〇一三年九月一日、成城ホール）

取返しのつかない後悔をするの慣れてるけど。今回はマジで後悔でした。いや、ホント通えばよかった。かなりの勢いの後悔ですよ。

三遊亭天どん真打昇進披露特別公演「天は何を見ているのだ。」

二日間四公演のうち、一回でいいかって思っちゃったんすよ。成城なんてお洒落な街、遠いし疲れるし。

そして行く前から後悔しきりで。チケットとったのは二日め、「新作の日」昼公演だったんですが、前日「古典の日」には天どんさん、夜「鰻の幇間」と昼「紺屋高尾」だったと風の噂で。うわー絶対面白いじゃんあの軽い調子の駄目な幇間の天どんさんver絶対面白いし天どんさんの高尾どんなんだよ実はかなりエロエロだろーとか勝手な想像も交えつつツイッターのTL眺めて悶えてた。

ってていうか。もう「天どん師匠」でしたね真打ちだし。どうも慣れなくて、「実力派二つ目」時代が長かったから。いや芸風は脱力派ですが。

この日も愚痴ってた。「まったり！」という珍妙な掛け声が似合うようになってしまった自分に。「ワーッと明るく、元気よく演るの目指してたのにね……どこで道を踏みはずしたんだろ」ってしみじみ回想してた。

私が最初に聴いたのは、もう七年くらい前ですが。そのころから天どんさん、道を踏みはずしてた。銀座のスカした会場での、大きな落語祭。「会場の空気を変えます」なんて言って、「どくガス」って噺でほんとに空気を毒々しくしてた。

それからだいぶ経ち。いよいよ真打になった披露目の会で、この演目が聴けたのは嬉しかった。「カベ抜け」。サラリーマンとへたれ幽霊のゆるBL感ある新作で、何度聴いてもほのぼのする、大好きな噺なんである。

「あんな風に生きたいねー」「お前はもう死んでるだろ。そういうの、もういいから」みたいな、ベタなギャグを言ったあと自分で突っ込む天どん師の得意技もちゃんと聴けたし。自分の披露興行でも、こんなマヌケで素敵な噺をやっっちゃう天どん師匠の高座を、こちらもゆったり観ていきたい。こんなんでうまくまとめたつもりか。なんだよー。

ああなんか、変な終わりかたになりそうだったから、「カベ抜け」の話をもう少し。

サラリーマンが幽霊と出会う前、家でひとり夕飯食べるシーンがしみじみいいんすよ。

「安定してるなー、コンビニ弁当は。裏切らないよなー。銭湯と弁当は裏切らない」

心の中で泣きました。ぼっちが必死に幸せを感じようとする場面をリアルに描きすぎだが素晴らしいと思う。そんなに絶賛するほど共感しちゃう自分も情けないけど。

（トーキングヘッズ叢書No.57「和風ルネサンス」二〇一四年一月）

第二章　柳家喬太郎とレジェンド、そして若手の精鋭たち
二〇一四〜二〇一七年

柳家喬太郎「孫、帰る」(二〇一四年四月二十一日〜三十日、新宿末広亭)

通いました。四日だけど。新宿末広亭四月下席夜席主任柳家喬太郎九日間。のうち、四日じゃ過半数を割っている。大学なら留年である。

毎日行きたかったなとつくづくと。十九時からなら割引で千五百円だし。なかなかこの料金でキョン師をきける機会はないのである。

初日は小雨のなか、一階ほぼ満員。

「この雨なんでね、喬太郎がねっとり、ぐっちょりした噺をやりますから」って林家しん平師匠が笑ってた。だから、喬太郎師匠は「ハワイの雪」である。女子大生の孫と、ジイさんとバアさん

のハートウォーミングなストーリーだ。爆笑のあとしっとりとして、帰り道は雨もほぼ止んで、涼しい風が吹いていた。

二日目も雨で。疲れてたし、何かしらあって行かなかったら「母恋いくらげ」ですよ。うわあと思ったけど、大学の授業のほか、日々の雑用はあり。ツイッターでチェックはしてたら、「一日署長」「カマ手本忠臣蔵」「ハンバーグができるまで」「極道のつる」ときた。

これはまずい。と思ってようやく行けたのが八日目。遅いね。ふだんは閉鎖な二階も開き、そこまで満席で「ぺたりこん（三遊亭円丈・作）」。笑いもいっぱいある不条理劇で、役立たずの中年サラリーマンをコミカルに悲愴をこめて描き、そして何とも言えないラストに。

翌日の喬太郎師匠は。「もうね、疲れきっております」なんて言いながら、「任侠流山動物園（三遊亭白鳥・作）」。エネルギッシュなこの噺だ。ブタさんやゾウさんなどの動物をマンガチックに演じながら、ときどきフト我に返り、「五十過ぎてね、こんな芸をするためにさん喬に入門したんじゃない！」

そして最終日、九日目。雨なのにやはり二階までぎゅう詰め。

「今日は千秋楽、好き勝手なことを喋らせていただきます」と、前置きして、CSのゴジラ特集や東映マンガまつりの話を楽しそうに語ったあと、いよいよ「孫、帰る（山崎雛子・作）」。トリの前に出演した橘家文左衛門「千早ふる」からの無茶ぶり、「とはの由来は、トリの喬太郎に任せた」を見事に受けて、ストーリーに盛り込んで。

「来年またケンイチがくるまでに、考えとかんとな」。私も来年また、喬太郎師匠の主任興行に通いたいと思った。その前に小三治師匠や遊雀師匠のトリもあります。たぶん。

（トーキングヘッズ叢書No.59「ストレンジ・ペット」二〇一四年七月）

松元ヒロ「ひとり立ち」（二〇一四年三月二十二～二十五日、紀伊國屋ホール）

すっごい面白かった。すっごい面白かったびっくりした。

東京MXテレビの「談志・陳平の言いたい放だい」という言いたい放だいすぎる番組で短いネタを観てから、ずっと気になっていたのだけれど、定例ソロライブ「ひとり立ち」に行こうか行くまいか悩んでいるうち完売御礼、ってパターンが多かったわけである。で、ようやく踏ん切りついて行ってきて。ついてよかった踏ん切り。時事漫談という言いかたをするとあまりに軽い。政治、社会、環境問題をおちょくって笑わせてても、芯に堅固な思想がつまっているからなのか、いや心に響くこと響くこと。劇場を出たらすぐ忘れる、というたぐいのギャグも放つけれど、日々生きてくなかで折にふれて思い出されるフレーズが多いのだ。「私の舞台は全篇コピペと捏造ですから」とか。それをさらにコピペするのもどうかと思うが。そう、私の文章もまさにそれで、もっと謙虚にならねばと反省したりなんかする。

ヒロさんの魅力は、その謙虚さにある、んでしょうね。「大丈夫、今日は裏口から帰りますから」って当人も言うくらい、違う思想傾向のひとが聴いたら怒るような過激な内容なのに、語り口はとっても優しくて腰が低いから、右翼も思わず許すだろう。ひょっとすると転向しちゃうかもしれない。

一緒に語るのも失礼な感があるけど、鳥肌実や大本営八俵みたいに強くおしつけがましくなく、いやあれはあれでいいわけですが、ヒロさんは優しく謙虚な過激派みたいな印象だ。ナショナル方面にもこういう人材が欲しいですね。

（トーキングヘッズ叢書No.59「ストレンジ・ペット」二〇一四年七月）

柳家小三治「あくび指南」（二〇一四年六月二十一〜三十日、新宿末広亭）

七十四歳、の、柳家小三治。この六月で落語協会会長を退任するそうだ。そんな最中であっても、新宿末広亭六月下席夜トリは、恒例で小三治師匠である。

七十四といえば、談志も亡くなった年まわり。観れるうちに見とかなきゃなと、七日間皆勤しようと決めた。こういう追っかけって嫌われるんだよな、とは後で気がつきました、ホントすいませんいつも後ろのほうでこっそり観てるだけなんで許してください……。

初日はちょうど土曜日で。夜席のあとも、若手の出る「深夜寄席」がある。だから「長くやらないようにと、席亭に言われまして……言うなり自転車で帰っちゃったんですが」帰っちゃったんなら、長くやってもバレないっすよね。そんな客席の思いを代表して、「たっぷり！」と声もかかっていた。

時間的には「たっぷり」じゃ、なかった。

小三治師のいつもの長い枕もなく、スッと「あくび指南」に。でもこれがめちゃめちゃ面白かった。あくびの前には、浄瑠璃を習おうとしていたんだが、声がどうにも調子っぱずれで。生徒が影響されるといけないから……と諭され教室を辞めさせられる。それでも、「俺はあのとき、大勢の生徒を救ったたね」なんて謎に威張ってる。

それから複雑に風流なあくびを習いにかかり、終わったのは八時五十二分ごろ。落語本篇は二十分ほどでしたが。大満足の夜でした。

ちょっと前の五代目小さん追悼興行でもこの「あくび指南」かけてたらしいな、とか思い返しながら、自転車での帰り道もスイスイ行けた。で、家でこれ書いてる今もテンション高い。眠れるかどうか心配なレベルである。零時をまわってるってのに、あくびひとつ出やしません。

と、うまく〆たつもりでいたが、早まったなと思った。

退任当日、二十五日の「お化け長屋」、千秋楽「青菜」、何でもない日の「百川」に「野ざらし」、「天災」や「粗忽長屋」も、どれもこれもすばらしかったから。また来年も、自由な立場になった小三治師匠のトリに通いたい。

と、ここまで書いて満足してたら、小三治師匠、自由な立場どころか人間国宝になってしまった。重要無形文化財保持者、というやつである。いや、ホントめでたいですね。次は世界遺産に！


（トーキングヘッズ叢書No.60「制服イズム」二〇一四年十月）

柳家喬太郎・喬之助・林家二楽「セマイ落語研究会〜トクサツ警備隊西へ〜」（二〇一四年七月二十二〜二十九日、日比谷図書文化館）

とうぜん特撮なんかわからない。ウルトラ系とかレンジャーものとか、興味をもって観たことがない。けれど、このメンバーにこのタイトル。なんか絶対楽しいだろうなと。期待して行ったら、果たして楽しかった。

「今日、普通の古典落語が聴けると思ったひとー？」

前座もなしにいきなりだ。喬太郎師が出てきて客席に訊き。数人の手が挙がると、「お客様にこういうことを申し上げるのは本当に恐縮なんですが……バッカじゃねーの！」

バカにされたうちの一人が、私の近くの席にいた。初老のおじさん、大喜びだった。

「今夜もきっと、白酒や三三・一之輔が、落語会やってますから。真っ当な古典は、どうぞそちらで……」と、丁寧にアナウンスしたあとは。堂々と特撮ネタばかりでした。

まずはそのまま喬太郎師で、「ウルトラのつる」。「ウルトラマンジャック」って名前の由来をご隠居に教えられたけど、どんな由来か忘れるほど笑ったわ。お次の喬之助師も、普段は王道の古典派なのに、今日は新作人情噺「二人のウルトラ」。たまにこういうスイッチ入る人なんである。

そして、喬太郎二席目は。「一席ぐらい、まともな古典落語を……」とかもっともらしいことを言い、十八番の「抜け雀」に入ったかと思わせての「抜けガヴァドン」。文無しの客が、宿屋にあった土管に「でっかいはんぺんの化け物」の絵を書く。その後、はんぺんが絵から出て来て……という内容。

そしてフツーにオチまでネタバレすると、喬太郎師はこの新作を演じるにあたり、台本をつくり表紙にガヴァドンまで描いてきたという。けれど、会場に来る途中で風で飛ばされてしまって、今ごろそれが……と、頭を下げる。さすがキョンキョン、大傑作でした。

もちろん、聴いた時点では「ガヴァドン」を知らなくて。何だよ「でっかいはんぺんの化け物」って思ってた。会の後でぐぐったら、本当にはんぺんで笑いました。原作、ウルトラシリーズのガヴァドンの回も観ちまって。すっごい面白いっすね。今のレンジャーたちもイケメン揃いだし。

特撮、なんか私もハマりかけてる。その代りまっとうな古典の会は、いまだに行けてないわけです。

（トーキングヘッズ叢書No.61「レトロ未来派」二〇一五年一月）

柳家喬太郎「笑い屋キャリー」（二〇一四年十月二十五日、よみうりホール「落語教育委員会」）

鈴本演芸場の夜席で、喬太郎ネガティブキャンペーン「笑えない喬太郎」なんてのをやってる最中である。十日間ずっと、凄惨な噺ばかり選んで演じている喬太郎師匠である。私も八日間行きました。フルのつもりで二日欠けちゃうところが私らしさですね。そんならしさはいらない。行けなかったのはこの日の夜で。その代わりの昼である。

毎夜、凄い顔の喬太郎師匠だが。昼間の顔も凄かった。「昼間は楽しい話をしたいですわ！」と、定番の立ち食いそばマクラの最新バージョン、品川駅の魚肉ソーセージ一本丸揚げ篇をたっぷり語り、古典落語「時そば」へ、と思わせておいてそれは落語中落語で、本篇は「笑い屋キャリー」！　いわゆる「怪しい女性三部作」の、いちばん聞きたかったやつだ。

寄席に来てバカウケしている外国人女性のお客が、四日目に変貌する。何を聴いても笑わず、「柳家は暗いデェス、けっ」なんて言って嫌な気をふりまく。寄席芸人は次々倒れ、お客は減っていくが……。

惜しまれて引退した「もぎりのばあさん」が登場する。手元に残していた、かつての伝説的落語会のチケットをもぎっていくと。市井の落語ファンの周りに、名人たちの姿がチラリ現れ。閑散とした寄席に客が集まっていく……。

なぜかこのシーンで涙しましたね。それまでバカバカしさで死ぬほど大笑いしてたのに。「サマーウォーズ」のラストでも泣くし。みんなの力で、みたいなのに弱いんである。

怪しい女性三部作の残り、「諜報員メアリー」、「彫師マリリン」もはやく生で聴きたい。鈴本のネガキャンでは、勿論かからなかったけど。

（トーキングヘッズ叢書No.62「大正耽美」二〇一五年四月）

三遊亭天どん「牛の子」（二〇一五年三月五日、座・高円寺「落語事典探検部3」）

実にくだらなかった。「落語事典」に載ってる噺から、今はまず聴けない演目を再生させようという「落語事典探検部」という企画。「やられなくなったのは、くだらないから」。そんなふうにプログラムにあり。その通り、天どん師担当の「牛の子」はなかでも特別、妙だった。

牛乳を飲みたいがために、牧場の牛を「お母さんです」なんて言い出す男の話。畜舎にいるたくさんの牛を見て、「乳が張ってるのはどれですか」なんて訊いてから臼々しく、「あ、あれがお母さんです！」

男がその牛のそばにいくと、牛はすぐ顔をベロベロなめまくる。牛になつかれるため、額に塩を塗って行ったのだが、「うわ、すっごいなめてくる、思った以上になめてくる。このシーン、速記では『なめるな』の一言なんだけど」とか言いつつ五分ほどなめられまくる。こういうシーンをねっとりやるところ、天どん師匠らしいなと思った。

それで信じた牧場のおじさん、気を利かして「あとは二人で」なんてお見合いみたいなこと言って去ったあと、男は牛の乳搾りを。こんな仕草、普通の古典じゃ、あんまない。「ほんとにコレ、圓生がやったのかよ」なんて天どん師のぼやきがおかしかった。

今回の「探検部3」では他にも、柳家わさび「指仙人」・柳家喬太郎「茶代」・林家彦いち「牛の嫁入り」なんてところが演じられ。くしくも「牛」がかぶるという謎奇跡な回だったわけですが。次も起きるといい。

（トーキングヘッズ叢書 No.63「少年美のメランコリア」二〇一五年七月）

立川らく人「二つ目昇進披露落語会」
（二〇一五年三月二十五日、北沢タウンホール）

いよいよ二十名にもなる志らく一門前座軍団から、ようやく新しい二つ目さんが出る。そのお披露目の会である。

キチガイばかり集めて……と、昇進披露口上で、らく人さんの師匠・立川志らくはつぶやいた。

「明るいキチガイに、賢いキチガイ。私は陰湿なキチガイですけど。もっと地味めなゲストにすれば、主役の自分が輝くのに」

そう、豪華メンバーだったんである。主宰のらく人さん自身、「私に興味がないひとにとっては、談笑・雀々・志らく三人会ですからねえ」なんてぼやくぐらい。なかでも桂雀々は、大師匠の米朝が亡くなって間もないだけあって、きょう行ってきたという葬儀の様子、鍋奉行しながらブチぎれる「裏米朝」ばなしをマクラで語り、らく人さん本人にはほとんど触れてなかった。

だから、「さすがに、二回出れば私の顔も覚えてもらえるだろうと」、開口一番という前座のポジションもらく人さん自身でつとめたのは正解だった。ようにおもえる。二回もらく人さん観れて、なんだか得した気分でした。「真田小僧」に「禁酒番屋」、結構な高座でした。「真田小僧」、ずるがしこいのに憎めない男の子のキャラが、どこからく人さんと重なるような。

口上では三本締めもしたんだけど、その後の高座で、らく人さんは出てくるなり「みなさん、三本締め下手すぎでしょ」。もっともなツッコミで笑いました、いやあホントすいません。

らく人さんの真打披露では、立派な三本締めができるよう稽古せにゃなりません。

（トーキングヘッズ叢書 No.63「少年美のメランコリア」、二〇一五年七月）

柳家喬太郎「ほんとのこというと……」

（二〇一五年五月二十九日、よみうり大手町ホール）

ひさびさに興奮して帰ってきた。落語が好きでよかったと、しみじみ感じた春の夜だった。「よみらくご　新作好み」のトリで、「長講60分スペシャル」を任された喬太郎師匠。数多ある持ちネタの中からテキトーに長いのを演じる、なんてことはしなかった。

十八番の新作落語四篇、「ほんとのこというと」・「夜の慣用句」・「華麗なる憂鬱」・「母恋いくらげ」を、ぜんぶつなげて組み合わせて、しかも、前の演者のフレーズもすべて注入し、随所で爆笑が沸き起こった。そしてラストは、つきあい始めのカップルが、「ほんとのこというと」の現場に向かおうとするというループ。

キョン師は以前、「古典七転八倒」という演題で古典落語のぶっ繋ぎをやったことがあったけど、さしずめ「新作七転八倒」か。いや、凄いものを聴いたもんだと、興奮しながら帰りの電車に乗った。

そのたった一月後。また別な衝撃にうちのめされた。紀伊國屋ホールの「きょんとちば」という会で。

千葉雅子・作の新作落語、「サソリのうた」。往年の東映映画「女囚さそり」ワールドを喬太郎師匠が演じ、果たして凄まじい高座になった。シスターの演技をするときに、羽織を頭にかぶる、みたいな小細工も好きだし、六十近い女教師がキャピキャピした口調で、放課後の美術室で男子生徒と起こった情事を語るところなんか、すっごい生き生きとしてたし。

「こんなとこ脚本にはなかったんだけど、ごめん千葉さん」なんて洩らしたりして。

でもそんなのは末節なんだ。やっぱり感動したのは、誰より美しいといわれたテレサが、修道院の仲間・マリアの亡骸を手に、海へと沈んでくラストシーン。どうしようもなく綺麗な絶望が溢れてる。またしても凄いものを観た、と興奮の帰路で。

キョン師、今年は映画や芝居に、落語協会「謝楽祭」の実行委員長もやるそうで。また帰り道が楽しみだ。

（トーキングヘッズ叢書 No.64「ヒトガタ／オブジェの修辞学」二〇一五年十月）

柳家喬太郎「立ち食い幽霊」
（二〇一五年八月十九日、国立演芸場「セマイ落語研究会」）

あの「セマイ落語研究会」、一年ぶりの第二回という。初回は「トクサツ警備隊、西へ」。今回は「そこに『立ち食いそば』があるから」

今度も凄かった、柳家喬太郎。というか、柳家喬之助・三遊亭白鳥・林家二楽というメンバーのなかで、ガチな立ち喰いそばマニアが喬太郎師匠しかいなくて。小諸そばがいちばん好きなんだけど、立ち食いそばらしい立ち食いそばはゆで太郎で、とか。また、チェーンでも店によって若干のちがいがあったりするから、上野の多慶屋の近くのは、とか、コアな話がいっぱい出た。

そして今日のための新作、「立ち食い幽霊」。しみじみよかったなあ、と。流行らない立ち食いそば屋に、閉店後に現れる、店主の友人の幽霊。供えられたそばを食べようとすると、店主の娘と彼女がやってきて……というストーリー。これが、なんとも不思議なリアリティがあって、笑える人情噺だった。

供えられてるおそばを、娘さんは彼氏に「食べなよ。お腹すいてんでしょ」って勧める。「え、でも……」と彼氏さんは、ちょっとためらう。そりゃためらうだろう。そうだよそれは俺のなんだよ、と、店主の友人の幽霊はやぎもぎする。いや、凄い構図だと思った。

前回ネタおろしだった「抜けガヴァドン」は、既に喬太郎師の十八番となっている。今回のもそうなってほしいところだ。

（トーキングヘッズ叢書 No.65「食と酒のパラダイス！」二〇一六年一月）

三遊亭圓窓「押絵と旅する男」（二〇一五年九月二十九日、池袋演芸場）

すばらしかった。この日の寄席は。

池袋演芸場九月下席は、「笑いの戦後　乱歩と禁演落語」という企画公演で。がっちり爆笑の馬るこさん「鴻池の犬」、ぬるく笑わせる天どん師「ハーブやってるだろ!」、ゆるくカッコいい窓輝師「釜泥」、いつも以上にノリノリ軍歌の川柳師はガーコンのくだりの前で切り「歌で綴る太平洋戦史」。そして、お馴染み漫才の笑組という。全員私が大好きなメンバーって奇跡にふるえてた。そしていよいよ、圓窓師の出番。

これが輪をかけて素晴らしかった。

「ひさびさの寄席で……」と当人も言うくらい、本当にひさびさの寄席。普通の定席や落語会で見る機会があまりなく、かわら版しっかりチェックしないと、圓窓師を見ることは難しいのだけれど。毎度毎度、ちゃんと来てよかった、と思う。独自のアレンジが効いた古典に、味のある古典ふう新作。必ず満足して帰れる。

この日も、前に出た兄弟子の川柳師匠を「圓生のこれからの落語はどうあるべきか、と考え続けたら、あんなふうに歌いだしちゃった」と素敵な分析をしたあと、戦後、池袋に住み、江戸川乱歩が近所にいた思い出ばなしから「押絵と旅する男」に。

もちろん、あの名作ですから。本をそのまま読んでも面白いものを、圓窓師匠が独自のくふうをくわえりゃ、面白くないわけがないのです。押絵の娘に惚れ、絵に入り込むという話の核となる部分を抜き出し、奇妙な人情噺に仕上がっていた。

こういう珍しい噺だから。また聴きたい、と思っても、機会はかなり限られてきそうで。圓窓師匠、DVDをお出しになればいいのになあ。それも、五百噺ぜんぶ。いつだったかの両国寄席で聴いた「つる」、鈴本の震災復興支援寄席で聴いた「雛鍔」もよかった。と、震災後のことを、コロナのさなかになつかしくおもいだしている。

（トーキングヘッズ叢書No.65「食と酒のパラダイス！」二〇一六年一月）

柳家喬太郎「喬太郎ハイテンション高カロリー！」

（二〇一五年九月二十一〜二十九日、鈴本演芸場）

俺この九日間、がんばったんだから。千秋楽の喬太郎師匠の言葉に、大きな拍手があがり。「だから今日は、好き勝手やるよ」。願ったり叶ったりで、もちろん僕も大拍手だった。痛みに耐えて、よくがんばった。って小泉さんな勢いでねぎらいたかった。膝を悪くして正座椅子を使った日もあり、今だって痛むんだという。そんな状況で寄席の主任。しかも特別興行で、エネルギーつかう噺特集。

ご存じの通り、柳家喬太郎は天才であり、落語界の宝である。天才がハイなテンションで高カロリー消費しちゃう九日間である。しかも自分は、上野鈴本からさほど遠くない、自転車で行ける距離に住まってる。

これは通うしかないでしょう。

通いましたよ九日間。

初日から順に、「竹の水仙」・「稲葉さんの大冒険」・「寝床」・「抜けガヴァドン」・「カマ手本忠臣蔵」・「任侠流山動物園」・「BL短命」・「一日署長」・「掛け取りバンザイ」

どれも本当にすばらしかった。

竹の水仙とか寝床とか、喬太郎師匠の十八番だから、何度も聴いてるはずなのに。明らかにバージョンアップしてて、めちゃめちゃ面白かった。そして最後の三日間。いつか聴きたいと思ってた三演目が連チャンで。横丁のご隠居と八五郎が、たとえでやっていた色恋ばなしに、八五郎がマジになってしまい、悲恋の話にさま変わりした「短命」のBLバージョン。主任のキョン師の前に出た、文左衛門師匠が犯人役で、なんともぴったりだった「一日署長」。そして最終日は、まさに「好き勝手」な噺。喬太郎師匠が好きな、ウルトラマン・つかこうへい事務所・落語家ネタを詰めこんで、落ちも今日だけの特別篇「掛け取りバンザイ」。すっごくすっごく面白かった。

私も、今年春から生活スタイルが変わり。大学の医学部を八年で卒業して、研修医になる。寄席に全日、なんて道楽はできなくなるだろう。ただそもそも、寄席に全日通いたくなる、ような芝居は少なくて。小四のころから寄席は行ってるけど、皆勤した興行は去年の末広亭・小三治夜トリと、今回だけ。最後の寄席通いが、喬太郎師匠のこの興行でよかったと思う。後は老後か。四十年後、九十を超えた喬太郎師匠。今の米丸・笑三師匠より、元気でいるといいな。それまで私もがんばろうか、どうかしらん。

（トーキングヘッズ叢書No.66「サーカスと見世物のファンタジア」二〇一六年四月）

立川志の輔「志の輔らくごIN PARCO2016」

（二〇一六年一月五日〜二月二日、PARCO劇場）

二十年目、なんだそうだ。新年恒例、超絶大人気の一カ月公演。毎年行きたいなとは思ってて。でも、六千五百円かあ。志の輔師のいつもの会の倍近い値段だし、談志家元の会だって五千円が相場だったし、そもそもチケット取るの大変だし、どうせDVD出るし。って、今までスルーしてきたけど。今年こそはと頑張って行ったら。これで最終回なんだってさ。渋谷パルコ建替えのため。

なんだかしみじみしちゃいましたね。ずっとスルーしてきたくせに。「今日までずっとリハーサルをして参りました」、「延べ一万人のお客様。武道館でやれば一回で済むのに、コツコツ三十日もかけるという」なんて、DVDで聴いた文句を生で聴くと、また感慨深くなり。

パルコ閉館？　聞いてないよ、というのをテーマに、家族にのけものにされる悲しいお父さんの新作落語「大黒柱」。下世話でサスペンスドラマチックで、だけど最後はシンミリする「新版・猫忠」。そして、あの大作「大河への道」。二時間近い噺なのに、聴くのは初めてじゃないのに、ぜんぜん飽きずにすっごい面白くて。さすが、パルコで披露の新作で、一番手間かかったってだけある。幕が下りた後も拍手が続き、カーテンコール。家元もいつもやってたコレが、お弟子さんにも受け継がれてるのは見るたび嬉しくなります。

志の輔師匠の挨拶では、とりあえずここでは最後だけど、数年後できるはずの新しい劇場でもお声がかかれば、ということでしたが。こんな超人気公演、なくすわけないすよね。数年後、僕のほうがどうなってるかわからないけど。

チケット争奪戦に参加できるほどの気力が残ってたらいいな。その前に、今回の公演のDVD、ホント期待です。

（トーキングヘッズ叢書No.66「サーカスと見世物のファンタジア」二〇一六年四月）

夢月亭清麿「もてたい」（二〇一六年三月二十三日、池袋演芸場）

清麿師匠は、あまり寄席に出るほうではない。独演会も少ない。落語情報誌で出演情報を調べても、記載なし、ってこともざらだ。もっと聴きたいってのに。シブい声で落ちついた語り口で、昭和の文芸映画みたいな持ち味の新作落語をやる。しみじみカッコいい落語家さんである。池袋三月下席昼の部「新作落語台本まつり」ではさまざまな新作落語家がトリをとるが、その中に夢月亭清麿の名もあった。山田浩康・作「もてたい」がネタ出しされていた。

かつての文学青年、今は大学准教授、といった風貌の清麿師匠が「もてたい」である。これは気になるじゃないですか。行って、聴いて、ああこれいつか聴いたことあったわと思い出した。けれどもちろん、まったく気にならず楽しめた。

顔か・中身かというのは、もちろん永遠のテーマである。退職間近の図書館館長は、「人間は顔だ」と言い切る。醜男の私も退職金で整形して、もててみたいんだと言い出す。息子はあきれているけれど、妻は、好きにしたら、と。でも、「なんだかもったいない気がするわね。確かに流行りのイケメンじゃないけど、何十年見てても飽きない、味のある顔してるのに」

いいセリフである。ここから物語は落語的オチに向かっていくけど、いい落語を聴いたなと思った。僕も、もうちょっとマシな顔にしたいなと思ったことはあったけど。顔も中身も、なかなか変えられるもんじゃないすね。

（トーキングヘッズ叢書No.67「異・耽美」二〇一六年七月）

柳家喬太郎「『絵本・ろじうらの伝説』完成記念ライブ」

（二〇一六年二月二十五日、吉祥寺キチム）

いい夜だった。帰り道の寒気も心地よかった。駅からも遠い、小洒落たカフェバーでの演芸会。喬太郎師匠の新作落語が、このたび絵本になったわけですが。このあかね書房の本も、幻想的な絵がとってもよくて。今回はその、刊行記念ライブという。

ワンドリンク制ゆえアルコール混じりな雰囲気のなか、それは厳かに始まった。絵本「ろじうらの伝説」朗読。演者は、なんと寒空はだか先生。ふだんの、東京タワーよかったわーとか歌ってるときとはぜんぜん感じちがう。落ちついて、しみじみとして。

そして、この本の関係者による鼎談。喬太郎師のおとうと弟子で、「都市伝説研究家」の柳家小太郎が司会。ただ呑気な古典やるひとだと思ってたから、ヒバゴンとかケサランパサランとか屈斜路湖のクッシーとか、ディープな都市伝説ウンチクをちょいちょい挟んでくるのにびっくりした。絵解きコーナーもあって、そんなの気づかねえよ、ってぐらい工夫がされてるのも唸りました。

休憩後、小太郎さんは、これまた都市伝説的ストーリーの古典「馬のす」。寒空はだか先生は通常モードで「東京タワーの歌」。そして大トリは、柳家喬太郎「明日に架ける橋」。「ろじうらの伝説」は、少年時代の都市伝説を、大人になってふりかえる話だけれど。その子がさらに大きくなって定年になって、これまで働き続けてきた背広が、隅田川を浄化してくっていう素敵な流れを感じた。「まだまだ、これからだな!」。うちの父親も、もうすぐそんぐらいの歳なんで、そうだちゃんちゃんこ用意しなきゃって思ったり。いろいろ考えながら帰った二月の夜道でした。

(トーキングヘッズ叢書No.67「異・耽美」二〇一六年七月)

柳家喬太郎・三遊亭歌武蔵「落語教育委員会」（二〇一六年六月十四日、中野ZERO）

舞台そでから座布団の上まで、歩くこともままならなかったんだから、或る程度の覚悟はできていたのだが。平成二十八年五月十七日、柳家喜多八死去。いや、この落語家は学習院卒の、高貴な「柳之宮喜多八殿下」だから、御逝去とかご死去遊ばした、とかがただしいんだろうけど。寂しい気持ちに変わりない。

喜多八師は亡くなる直前まで、数多くの落語会出演をこなし、六月以降の予定もびっちりだった。殿下がふたりの後輩とやってた、楽しい落語ユニット「落語教育委員会」も、そうだ。僕が最後に見たのは三月、練馬で。そのときにも、今回の中野興行のチラシは渡されていた。

六月かあ、仕事も覚えなきゃなころだしなあ。と個人的には見送りの情勢でしたが。事情が変わった。おしごとはもちろん、覚えてるどころの騒ぎじゃないけど、この会にはね。

ロビーには、喜多八殿下を偲ぶ写真コーナー。サカズキ片手に、とってもいい表情で笑ってる。

そして、今回のオープニング、携帯電話は切ってねコントは、「刑事殉職編」。銃に撃たれて死にゆく刑事が、後輩になにか伝えようとするも、後輩は次々にかかってくる電話に出るので忙しい、という。殿下の死のあとで、すごい話だ。と思ったら、これが「落語教育委員会」でやった最初のコントなんだそうだ。三人でやった最後のコントは、落語「死神」らしい。もう歩けなかった喜多八師は死神役で、病人の歌武蔵師の枕元に陰気に座ってるだけ、と。すごい。今回のことがなければ、この中野では「らくだ」をやる予定で、らくだの死体をかついでかんかんのうを踊るくだりをやる予定だったらしい。もちろん、死体役は喜多八師匠で。観たかったなあ……。

ゲストで出てきたのは、柳家喜多八唯一の弟子・ろべえさんと、殿下とは飲み友達の入船亭扇遊。「今日も、この会場にいますよ」なんて、扇遊師が小粋なことを言えば。トリの喬太郎師が「さっきまでいたけど、もう呑みに行っちゃってますね」とまぜっかえす。

喬太郎師は前座時代、喜多八殿下と学校公演に行ったことがあるという。そこで殿下はかの大ネタ、「らくだ」をかけたんだそうだ。学生はポカンとしてた、と。その「らくだ」を語り始めたと見せかけて、実は「純情日記　横浜編」。若い男の子の、淡い、切ない、残酷な恋物語。彼氏と来年、結婚するんだという女の子の笑顔を、さみしく駅で見送って、話の切れ目。頭を下げた喬太郎師が、ざぶとんを引っくり返して舞台袖に去る。

喜多八師匠の出囃子「梅の栄」が、ひとくさり、鳴る。けだるい表情で、いかにも無気力そうに喜多八師匠が姿を現し、「やる気がないわけじゃないんですがね、虚弱体質で……」と往年のフレーズをくりだし、トリで「らくだ」を長時間熱演したあの夏を思いだしている。

（トーキングヘッズ叢書No.68「聖なる幻想のエロス」二〇一六年十月）

三遊亭天どん「ネットに書いちゃダメ！」（二〇一六年十月七日、らくごカフェ）

もう十八年前の作品なんだとか。「やるたびにお客が減るんでー」最近演じてなかったというこの落語。台本読み返したら、こいつアホじゃないかってくらい多方面に喧嘩売りまくる内容だったという。

ネットに悪口を書かれた落語家が、相手のことを調べ上げて、仕事っぷりを悪口返してやろうと職場に押し掛ける。「ほーら、あいつだ。落語好きのやつなんてどうせ会社で浮いてる窓際なんだよ！」、「髪の毛もギトギトのボッサボサに決まってんだ」とか、作中の落語家・三遊亭うどん師匠が落語ファンをテキトーにディスりまくる。また、外れてないのがくやしいところだ。っていうか大当たりなんですが。

天どん師の独演会「天どんマニアックス」では落語のあとに、作品解説コーナーもあって。ネットに書いちゃダメな文章の具体例も提示された。確かこんなのでした。

あたし、古典落語すき。一之輔さんマヂ神。天どんキライ。古典できない天どん死ねばいいのに。「これ、最悪です。好きな落語家を褒めるために他の落語家をけなすのは一番ダメ！　偉そうに書いてることも間違ってるし」

そうそう、だから私は、偉そうには絶対しないよう気をつけてます、いちおう。その前に間違えないほうに気をつかえよって感じだが。ハイ、生まれてきたのからして間違いだったパターンですよそうですよ。

（トーキングヘッズ叢書No.69「死想の系譜」二〇一七年一月）

「柳家喬太郎三題噺地獄」（二〇一七年八月一～十日、鈴本演芸場）

スサマジイ十日間だった。最初に客席からお題を十個もらい、そこからクジで三つ選んだものをネタにして、他の出演者が出ている間に噺をつくる。それが一般的な「三題噺」だが、今回は、ゲストの落語家さんが演じる噺のエッセンスも盛り込む。

そんなことを十日間やるのである、初老に近い、超ハードスケジュールの天才落語家が。毎年恒例の鈴本・柳家喬太郎企画興行として。

一昨年、「ハイテンション喬太郎高カロリー！」興行は全日通い、「トーキングヘッズ叢書No.66にレビューを書かせていただいた。あの頃はまだ医学部の学生で、ちょうど卒業試験が終わったタイミングだった。今は研修医という身であるが。

通えるもんすねがんばれば。さすがに最初のお題とりには間に合わなかったが、キョン師の噺には、なんとか。聴く方も大変な十日間だった。

傷心旅行・不正経理・清宮という、初日から時事ネタ三題で。「旅の帳尻」は、上野という街で偶然出会った男女の、短くも濃密で、勇気が貰える物語。今後も聴けると嬉しいが、「清宮」の、夏の高校野球戦が物語の中核となるので、難しい側面もあるのかしらん。二日目は寅さん・もつ煮込み・春風亭昇太で「とりもつ煮込み」。これまた、居酒屋の店主と昔の同級生の、切ない恋の物語だった。が、やはり「寅さん」「昇太」は強いワードで、どこでも演じられる噺にはなりえるのか、とツイッターで心配されてた。三日目も、ウルトラマン、がお題に上がり、ウルトラならいつもやってるじゃん、と、嘆きの声が。お題を出すお客にもセンスが必要、なんてことも言われ。それからはお題とりのときに、時事ものや固有名詞では物語が限定されてしまう旨、おとうと弟子の喬之助さんから説明があって。その後は、そういうものはあんまりなくなった。

十日間の十作品。どれももちろん、傑作だった印象だけれど。なかでも凄かったのは「マジックショウ」。老いて引退した手品師のところに、本を出そうと訪ねていく編集者の話。ファンタジー色のつよい「海亀の島」も大名作だ。作家志望の青年が、最初は「産卵するときのウミガメの涙は、海水の塩分を出すためで……」とか言ってたのに、彼女との別れのあと、それを描いた小説の受賞記者会見で「ウミガメの涙ってね、本当に泣いてるんですよ」と変わるのには、しみじみと胸にきた。いちばん笑えたのは七日目「みちのくの休日」か。東京湾に蜃気楼を見に行っただけなのに、なぜか岩手まで行ってしまいワンコソバばかり喰わされるという、実にバカバカしい噺。

千秋楽は、「秘密のレッスン」。ヨガに通いだした妻を、浮気してるんじゃないかと疑る夫。娘や息子に相談すると、おもわせぶりな返事がかえってくる。会わせたいひとがいるの、と連れてきた相手は……。今年公開の喬太郎主演映画、「スプリング、ハズ、カム」を彷彿とさせるラストに、客席は涙した。そして。

オチを言って頭を下げ、満来の拍手のなか。ばっとキョン師が頭を上げて、ガッツポーズで「終わったあーっ！」と絶叫。そしてまた頭を下げる。おおおお、と歓声が上がり、より一層二層に拍手が強まるなか、ゆっくりと幕が下りてゆく。こんな熱気こもった寄席に、今まで来たことがない。

終演後、すぐに帰りがたくて、よるべなく鈴本の前にたたずむ観客たちの前に、喬太郎師匠が姿を現し。また拍手がわき起こると、「あの、別に引退するわけじゃないんで……」と、照れたように笑い上野の街に消えていく。

そう、別に引退するわけじゃない。これからも喬太郎の会のチケットは買ってある。そこでまた、この十日間で生まれた噺に、さらに新たな物語に、出会えたらいいなと思う。

（トーキングヘッズ叢書 No.73「変身夢譚」二〇一八年一月）

第三章　イエス玉川の浪曲と、配信とソーシャルディスタンス
二〇一八～二〇二二年

イエス玉川「谷風情相撲」（二〇一七年九月二日、浅草・木馬亭）

ずっと気になる名前でした。なにしろイエスさまである。牧師姿の漫談で売れ、玉川カルテットのリーダーでもあった。

私もカトリックの学校出なもんで、一度は拝みに行きたかったのだが、しかしとにかく観る機会がない。毎月の落語・演芸情報を網羅する「東京かわら版」にも、ぜんぜん出演情報がない。ネットにも動画、音源はなく、CDも出てはいるらしいが、ネットや通販で買えるサイトも見つからない。DVD「昭和達人芸大全」二巻には、牧師漫談が収録されてて。自虐に客いじりにチラリと浪曲の唸りを入れて、これが爆笑ものであった。

ＮＨＫラジオの「浪曲十八番」にもたまに出て、いい声を聴かせてくれた。そして今回、日本唯一の浪曲定席・木馬亭の興行に久々のご出演だってんで、観に行ったらやっぱり凄かった。

小さな寄席の客席はほぼ満員で。

「十三年ぶりに浪曲協会の興行に出ました。いろいろありましてね。あのころの名人はみんな亡くなった、とうとう私ひとり」と笑わせる。知ってる浅草芸人で言うと、たけし・泉ピン子・綾小路きみまろも苦労して売れて、今はＰＰＡＰだ。ペンパイナポーアポーペンを演ってみせて、あれが流行ったのには深い理由があるんだけど。

「だぁれも知らない、イエスだけが知っている」

あれはセックスを歌った曲なんだと。ペンは即ち男性のものだが、アップルは女性。あの「ああぁん」は結合したときの喘ぎ声だとおかしな分析が始まって、「こんな話、酒でも飲まなきゃやってらんない」と舞台袖に声をかける。

「昔の名人は日本酒のみながらやったもんです。私はビールだけど」って缶ビールをチビチビやりながら、入った話は「谷風情相撲」。古典落語の佐野山だ。貧乏で弱い佐野山のために、天下の大横綱・谷風がわざと負けてやる人情話を唸るその声は、迫力と凄み、それにほのかな色気があって、めちゃめちゃにかっこいい。まさしくこれが名人だと思った。また聴きに行きたいものだけど……。

木馬亭のＣＤ売り場に、「イエス玉川の取り留めのない話」って漫談ＣＤがあったから、ひとまずはこれでしのごうか。定価は「時価」ってなってってびびりますが、僕のときは二千円でした。

このの ち、「イエス玉川のゴルフ漫談」、新作浪曲「たぬきと和尚さん」のCDも木馬亭で手に入れた。こちらも「時価」で、同じ値段。リーズナブルな時価でよかった。

（トーキングヘッズ叢書No.73「変身夢譚」二〇一八年一月）

柳家小三治一門「秘密の小三治」
（二〇一七年十一月二十九日、新宿文化センター大ホール）

びっくりな会だった。あの小三治師匠が、ここまで乗ってくれるとは。

落語界唯一の人間国宝。へんくつな人柄で知られ、NHKのプロフェッショナルではかなりめんどくさそうな性格がかいま見えた。遠くから見てるぶんには、それも可愛く見えたりするのだが。孤高の名人、なんて表現もされている。

それが、幕が開くなり、私服の黒ハットとよれよれコートで立ってる。それだけでちょっと吹いてしまった。

チラシにあわせた格好をしろと、弟子に言われてね……。なんて、この事態を説明する。頚椎手術のため入院してからの、ぶじ高座復帰を祝した「小三治一門が贈るお楽しみ特別企画」とのことだ。チラシのかわいい似顔絵イラストも、弟子で人気者の柳家三三が描いたという。「あいつにこんな才能があるとはね……」って感心しているようで、しかし似顔絵の感想は、「気持ちよかあない」って苦々しく笑う。

そして、「なるべく世間に知られたくはなかったんですが、知られまい知られまいとするほど裏目に出て……」と、今回の術後経過についての話を。まだつらいし、一年はそうだと言われたそうだ。でも、今年春ごろ観たときよりも、ずいぶん顔色はよさそうな師匠である。

そのまま永六輔との句会の思い出ばなしなんかをしてるうち四十分が過ぎ、「プログラムには、弟子も落語をすることになってるんですが、その時間はなくなりました」

そして、いったん師匠は引けて。お弟子さんたちが、小三治お面をかぶって現れ「覆面座談会」。とはいえ、ホンモノが楽屋にいるので、歯切れの悪い話が続いていると、舞台袖からゆっくりと小三治師匠が登場する。ピコピコハンマーを持って。今の柳家小三治が、こういうこともするのかと再度ビックリだ。

休憩を挟んで最後は、いよいよ小三治師匠の落語。

京都の病院で、手術前に麻酔をかけられるとき、なにげなく「みなさん、さようなら」と思った。けれどこうして帰ってこれた、としみじみ語ってから、なんと「死神」。病後のからだで、あの大ネタの死神が聴けるとは思わなかった。小三治オリジナルの落ちは、消えかけた命の蝋燭の炎を、なんとか新しい蝋燭につけかえることができた、と思ったら、うっかりくしゃみして消してしまう。

くしゃみひとつで消える命。

人生、そんなものなのかもしれない。ならばなるべく、大きなくしゃみをしたい。

（トーキングヘッズ叢書 No.74「罪深きイノセンス」二〇一八年四月）

古今亭寿輔「古今亭圓右の足跡を辿る会」（二〇一八年二月十一日、清見寺）

人呼んで「寄席の怪人」である。

ナマズみたいな八の字ヒゲに、キンキラキンの派手で安っぽい衣装で高座にあがり、「いきなり熱帯魚が出てまいりまして、皆様さぞお力落としのことでしょう……」、「あたしは根が陰気ですから……」。そのぶん衣装は陽気」なんて笑わせて、十五分のあいだお客をボウゼンとさせて去っていく。独演会などはめったにやらないから、なかなか噺をたっぷり聴く機会がない。

ここ高円寺は古今亭寿輔の師匠、故・古今亭圓右の地元で、寿輔師匠は年に一回ここで独演会をやっている。そんな場所柄もあってか、ふだんとはちょっと違う調子の話が聞けた。

圓右師匠に弟子入りしたのは、しっかりと勉強したいからだったという。売れていない師匠の下でみっちり教えてもらおうと考えたが、その二年後、圓右はエメロン石鹸のコマーシャルでブレイクした。いまもそのCMはYoutubeで観れる。

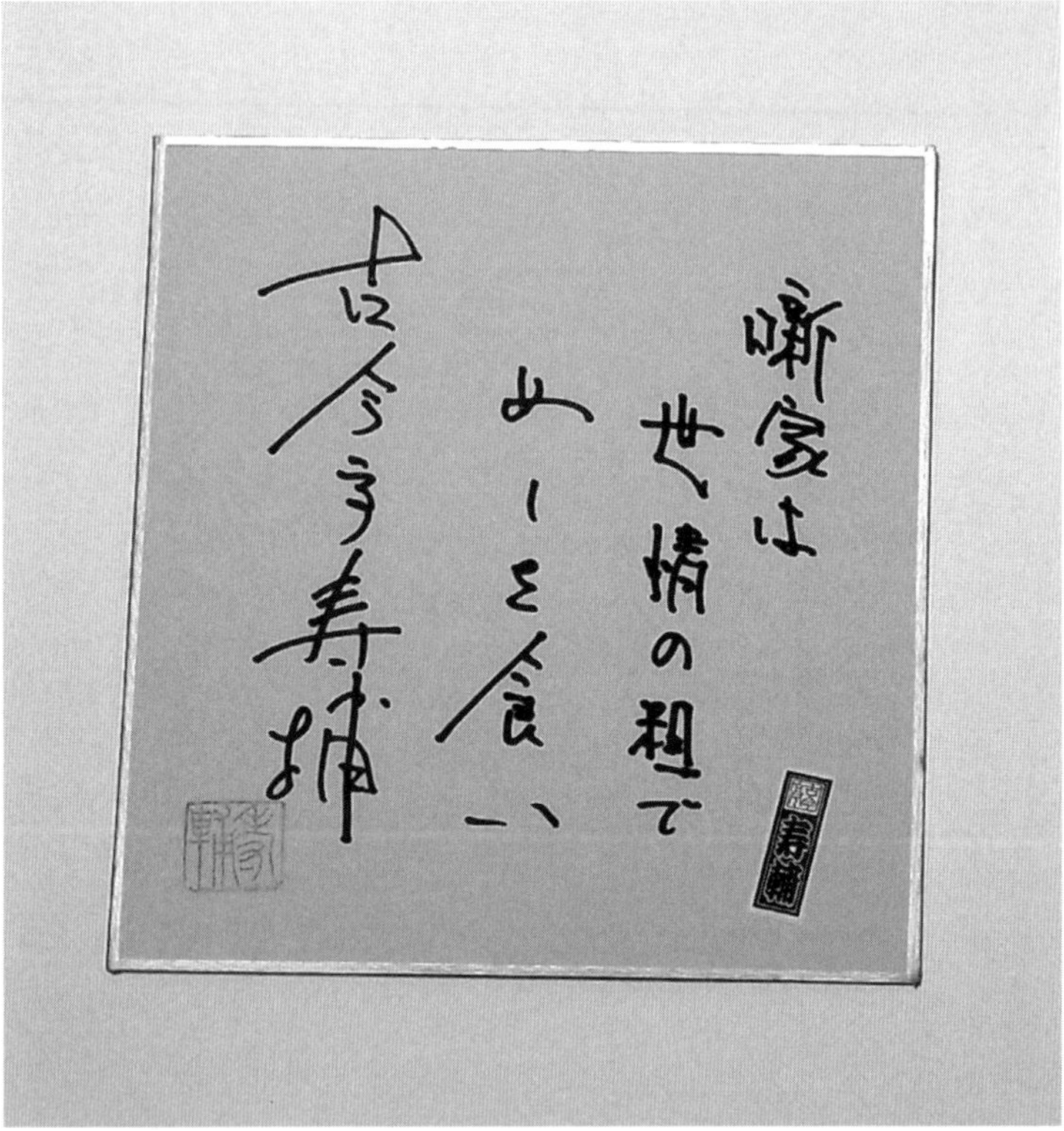

古今亭寿輔師の色紙

そのド派手な着物を初めてこしらえたときは、二カ月、今日こそ着ようか、いや……と、迷ったという。当時の重鎮・先代桂小南には、「あんちゃん、今日からマジックでもやるのかい？」とからかわれたりして。

でも、高座に上がったあとは。今までにないほどの大受けで、楽屋の大師匠連もシュンとしてたという。

そこから着物はこれと決めて、イエロー・ピンク・ブルー・ライトグリーンの四つある。チープに見えるが普通の黒紋付をつくるのと同じくらいに費用はかかるし、そのくせ五年ももたないという。かえってお高いぐらいなのだそうだ。

それでも、寿輔師匠は言う。

「私は落語の歴史に残りますよ。芸で、じゃないですが、この着物でね」

歴史に残るし、記憶にも残る。私が小学四年のとき、上野広小路亭で初めて聴いた生の落語は、この寿輔師匠の噺だった。

あのキンキラキンの着物と、「いきなり熱帯魚が出てまいりまして……」ってフレーズで覚えていた。

（トーキングヘッズ叢書 No.75「秘めごとから覗く世界」二〇一八年七月）

神田松之丞・柳家喬太郎・神田愛山ほか「左祭」（二〇一八年二月十日、イイノホール）

とびきりの祭であった。二月十日は左利きの日、って初めて知ったけど。その日に催された「左祭　左甚五郎一代記」。江戸のころ自由に漂浪し、行く先々でエピソードを残した「伝説の名工」。彼のひとを題材にしたお話を、一挙に集めた会。メンバーも凄くて、開口一番にいま人気の神田松之丞を使い、「甚五郎出生~旅立ち」を語らせて十分でおろすという物凄さ。「この十分のために、地方の旅仕事からいったん抜けて来たんですよ」と本人も言う。もちろん、本当に十分では済まず。高座替わりの合間に、会場アナウンスで「甚五郎恋物語」、「甚五郎の一生」なんてところを二、三分で楽しく聞かせてくれる。まあ、それにしたって計二十分はなかろうが。

松之丞さんが前座なくらいだから、ほかのメンバーも当然すごい。三三、奈々福、喬太郎、愛山。当代の売れっ子メンバーである。これはフェスティバルという感じがする。

奈々福「掛川宿」では明日、天下の大納言が来るてんで他の客は断るというけちな旅館に、おじさんとジイさんがごねて泊まって、その部屋に忍び込み、柱に大黒様を掘り屏風にスズメを描くなんてイタズラしでかすという凄い話。おじさんは甚五郎、ジイさんは狩野派の総帥・狩野探幽であったからイタズラのそれはとうぜん名作で、大納言もお気に召したわけだが。スサマジイ遊びをしたものだね。今なら横尾忠則あたりにそういうことをしていただきたいが、ナニもうやってますか。喬太郎「偽甚五郎」は、今日のトリの神田愛山から教わったという。結城昌治作品からミステリー講談をやってたりする愛山先生らしい、奇妙な味わいのある一席だった。

そしていよいよ、祭のさいごの演目は「陽明門の間違い」

幕府の御用で日光に行った甚五郎、その仕事の見事さで、栗原遠々江に逆恨みされ……ついには左腕を斬られ、その栗原遠々江も右腕を斬られるという。なんとも凄惨な物語で、祭の最後にふさわしい。祭のあとに寂しさよりも、ずうんと重たい心地が残った。

（トーキングヘッズ叢書No.75「秘めごとから覗く世界」二〇一八年七月）

「五代目柳家小さん追善興行　小さんまつり」
（二〇一八年五月十一日〜二十日、新宿末広亭）

人間国宝、五代目柳家小さんは二〇〇〇年に死んだ。芸は本格派、真面目で実直で、ちょっととぼけた人柄で知られる。

弟子は破門された立川談志も含めて三十人を超える。孫弟子あわせたら百人をゆうに越えるという大所帯。

その小さんの十七回忌に。追善興業「小さんまつり」が、新宿末広亭で十日間、日替わりプログラムで開催された。各日のトリは、小三治・馬風という一門の大御所や、小さんの孫の花緑・息子の六代目小さん、そして小団治・小燕枝といったシブい実力派もつとめる。中入り休憩のあとには毎回特別プログラムで、小さんの大好きだった剣道や、飲み仲間が集まる座談会など、面白そうなだしものが並んでいた。

僕が行ったのは二日間。精神科医ゼロ年目なもんで疲れきっていて、目当ての座談会が終わったらすぐに引けてしまいましたが。ほんとはぜんぶ居たかったところであります。

まずは初日。人間国宝にして今の落語界の最高峰にいる柳家小三治師匠がトリ、ってこともあってめっちゃ混んでたけれど、なんとかすべりこみました。中入り休憩のあとは、「小三治馬風いいたい放題」ってすごいタイトルのプログラムが始まった。

椅子に座って、おたがい前座だったころの話をするが、張り切る馬風師匠が可愛かった。小三治師匠に「たけちゃん」なんて昔の呼び名(前座名・小たけ)で呼び掛けたり、おかみさんとのエピソードを長々話してると小三治師匠に「馬風さんはさいきん滑舌が……」なんて突っ込まれたりする。今や孤高の存在の小三治師匠も楽しそうで、よかった。

次は、九日目。中入り後のだしものは、「五代目の余興！　百面相」。国宝が得意としたバカバカしい余芸を、あのこわもての馬風師匠がやるなんて知らなかった。と思ったら本人も、「やるの五十年ぶりだあ……」って。「誰もやりたがらねえもん、こんなバカバカしいの」とか言いながら、いちおう揃った道具を前に、「なんだこりゃ、どう使うんだっけ」とかあやふやな様子のまま頭にかぶったりしてくのがたまらなくおかしい。

それでも、えびす、大黒あたりをやってくと、「ああ、だんだん思い出してきた」って笑顔になる。お決まりの、中国娘をやったあとで、「次のは、医者にとめられてんだ」という「たこの茹であがり」。息をとめてぷくーっと顔をふくらませるんで、「脳の血管が切れるから。でもいいや、今日は師匠のまつり。師匠のそばに行けるんだし」

そして、顔を真っ赤にして躍りくるう茹であがりを観終えたあとは、なんだかとてもいいものを観た気分になった。

（トーキングヘッズ叢書 No.76「天使／堕天使」二〇一八年十月）

二〇一九年が夢月亭清麿「狂うジャパン」

（二〇一九年四月十九日、らくごカフェ）

ひさびさに行けた清麿師匠の定例ネタおろしの会。まさかこんなことになっているとは思わなかった。

随談「グッバイ平成」では、あんまり明るい話は出なかった。平成という時代のあいだに、地方がどんどんさびれてしまい、街は小綺麗になって悪所は見えるところにはなくなり、映画もつまらなくなった。

昔は、「ゆきゆきて、神軍」のような、こんなの観てもいいのかと思うようなすごい映画があったが、もうそんなものはなくなったと振り返り。今回の新作落語はお楽しみに、と休憩に。

そして語られた、ネタおろしの新作が。「御安心」ってタイトルだけど……。

平成の皇后さまと皇太子殿下が、平成三十一年四月十七日に交わしている会話という入りだ。皇后陛下は憂いている。平成の天皇・皇后は写真集やらバカ売れなのに、ひきくらべて息子の皇太子夫妻はどうなんだと。令和の天皇の国民人気は大丈夫かと。

煮えきらない返事の皇太子に、皇后さまがつぎに相談にいくのは、秋篠宮のところだ。プロレス好きの秋篠宮が提案するのは、実に秋篠宮らしいプランである。秋篠宮殿下がヒールになり、令和の天皇とタタカウという、なんだそれなご提案。

こんなバカなプランに、平成の陛下は、「じゃあ、私が行司をやろう」という、平成皇室ドキュメンタリー落語の一席であった。

ひとのよい平成の陛下だから、退位後はのんびりと暮らしてほしいものだけれど……。行司の上皇陛下がセクハラでつかまるとか、そういう皇室ポルノはいらないんだ。そういえば「ゆきゆきて」の奥崎謙三の後年の主演作「神様の愛い奴」にはポルノまがいのシーンもあった。平成二十九年にも、原一男監督で「亜人間　奥崎謙三」なんて映画がつくられたようで、これも気になるところです。

（トーキングヘッズ叢書 No.79「人形たちの哀歌」二〇一九年七月）

「玉川福太郎十三回忌追善興業」（二〇一九年五月三日、木馬亭）

二〇〇八年に突然の事故で亡くなった、浪曲界の名人・玉川福太郎。その追善興業である。弟子の奈々福さん、太福さんはいま人気上昇中であり、この興行も奈々福さんの企画だ。玉川福太郎の兄弟子として、イエス玉川も出る。なので、イエス師匠を観に行っただけだったのだけれど、最初から最後まで観てよかったと思った。

太福さんは最初の出番で、入門の経緯を浪曲にした「弟子入り物語」。奈々福さんはいろんな節色が楽しめるようにと、百人一首を浪曲にしたものを聴かせてくれた。

目当てのイエス玉川師匠は中入り前で、やっぱりすばらしかった。でてきていきなり、浪曲を語る台の位置が高すぎる、「太福用じゃねえか」と文句を言い、客席から湧く拍手にも、「拍手をくださるなら、いっぺんにください。チンタラパラパラ、チンタラパラパラ……」と笑わせる。

福太郎とはおなじ三代目玉川勝太郎門下で、「わたしより二年あとに入ってきて、みっつ年上」ってややこしい関係なんだそうだ。三代目玉川勝太郎も福太郎も、現在市販されている音源はほとんどない。中古でしか手に入らない。復刻もしてほしいし、何よりイエス師匠の浪曲集をだしてほしい。

この日も「清水の頑鉄」、かすれ声に色気と迫力があって、ほんとうにすばらしかった。

トリは、玉川福太郎の総領弟子、福助師匠の「阿武松」。話のまくらで、師匠がたのやさしさを語り涙を見せる場面も。本篇もよくて、また聴きたい。

浪曲はイエス師匠のほかは、イエス玉川の師匠である三代目玉川勝太郎と、二代目玉川勝太郎のほかはあんまりハマれてなかったんだけど、玉川福助師匠もまた聴きにいきたいと思った。

（トーキングヘッズ叢書 No.80「ウォーク・オン・ザ・ダークサイド」二〇一九年十一月）

「桂福団治の会　芸歴六十周年記念」（二〇一九年九月二十二日、金王八幡宮）

東京に生まれ育った人間だから、聴くのは東京落語ばかりだったけれど。NHKテレビの「日本の話芸」では、ちょくちょく上方落語も流してくれる。

そこで福団治師匠の落語にふれた。出てきていきなり、「疲れてまんねん……。噺家も何十年もやってると、疲れてしゃあないで」。これに一発でやられてしまいました。

そして落語に入ると、「蜆売り」。すばらしい人情ばなしだった。

いつか、福団治師匠の高座を生で観たいものだと思っていたら、いつのまにか渋谷の神社で定例独演会が始まっていた。今回は十数回目で、「芸歴六十周年記念」。そして「蜆売り」をやってくれるという。会場は金王八幡宮。そういえばここ、昭和の時代には状況劇場のテント興行がおこなわれていたところでもある。その頃も通いたかったが、令和の時代は福団治の会で通えている。果たしてすばらしかった。トリで演じた「蜆売り」。寒い季節に、川に入って蜆をとって、一生懸命売り歩く子供。その子供の蜆を買ってやる、人情ぶかい親方。

一席目は「疝気の虫」。「ビロウな話で恐縮ですが……」とくりかえして始まったこの古典も、男の背中にとりついた疝気の虫の気味のわるさがつたわってきた。

桂福団治七十八歳、芸歴は六十周年。大阪松竹座での記念の会には、桂ざこば・笑福亭鶴瓶なども出るという。そちらにも行きたいところであるが、渋谷での記念の会も、たいへんにすばらしかった。

（トーキングヘッズ叢書No.81「野生のミラクル」二〇二〇年一月）

桂笹丸「藤子不二雄物語」（二〇一九年十二月二十四日、ノマディックライフ）

クリスマスイブである。定期的に落語会をやっている三軒茶屋のカフェで、イブの日は桂笹丸さんの独演会。ちょうど予定も空いていて、行ったらやっぱり楽しかった。

「つぼ算」、「明烏」といった古典の演目も笹丸さんのニンに合って面白かったが、なんといっても「藤子不二雄物語」はよかった。師匠の桂竹丸は「西郷隆盛伝」などをやったりするが、笹丸さんは藤子不二雄だ。F先生もA先生も好きな私にとっては、笹丸さんが新作のテーマとしてこの二人を選んだってことも嬉しかった。

若き日のA先生とF先生が出会い成長し、数々の名作を生みながらおたがいの道を進んでいく過程を、桂米丸一門の落語家さんたちのエピソードをからめながら語っていく。米丸一門の落語家さんはとくに人間味のある師匠がたが多くて、聴くたびに好きになる。前座時代の作品で、久しぶりにやったら脱線が多くなり、「藤子不二雄物語と、だいぶ桂笹丸物語」ということであった。

終わりにはクリスマスプレゼントもあって、私は笹丸さんの手ぬぐいをもらってしまった。緑の生地で、メガネでかわいい笹丸さんみたいなキャラが染めぬかれてる。その絵柄はA先生でもF先生でもなく、どちらかというと大川ぶくぶ寄りな気がしたけど。

（トーキングヘッズ叢書No.82「もの病みのヴィジョン」二〇二〇年四月）

柳家喬太郎「ザ・きょんスズ30」

（二〇一九年十一月一日〜三十日、ザ・スズナリ）

芸歴三十周年だそうだ。今年、きょん師の同期、林家彦いちは渋谷文化センター大和田で、入船亭扇辰はなかの芸能小劇場で記念の会をひらいた。そして柳家喬太郎は、下北沢はザ・スズナリで三十日間の連続興行。しかも、三十日で六十九演目、ついにひとつもかぶりなし。

スゴイな柳家喬太郎。

と、あらためてかみしめる。「今回の三十公演は祝三十周年！　という会ではありません。別にめでたいことではありませんから。喬太郎が三十一年目を踏み出すための落語会です」と、会のパンフレットにあった。この文章は「つーかさ、いいきっかけだから、大好きなスズナリで、大好きな落語を喋りたかっただけなんだよ！」と続く。三十公演、一席ずつネタだししてあったその演目は、「古典、新作のこだわりなく、『この噺をやらなくちゃ』ということで選んだ」とインタビューで答えてた。

チケットはもちろん瞬殺で、僕は抽選で一日だけ当たった。十九日火曜、「熱海温泉土産利書」の日。ここ何年も演じられていない、圓朝作品の長篇だ。上下あわせて二時間近く。運命に、恋にふりまわされる女性の、かなしい結末。凄みのある作品で、またいつか観れたらと感じた。

当日券も抽選で二十人ぶんあって、何度かチャレンジこころみたが、けっきょく観れたのは十五日の金曜。きょん師はまず「拾い犬」を演じた。すこしホッとするような噺のラストをきいたあとに、ネタ出しされた「棄て犬」。物凄かった。ずっと聴きたかった噺で、聴けて良かった。恋人に捨てられた男が事故で死に、犬に生まれ変わる。それを知った女は、その犬を最初はかわいがる。しかし、というシカシのあとが。どうしようもなく、まったく救いがないラスト。極上の後あじのわるさだった。喬太郎師匠のCD、DVDは数あるが、こんな大傑作がどうして未だにソフト化されてないいんだと思う。

自分は二日だけの鑑賞だったが、満足感たっぷりに帰った。

でも。ツイッターで様子を追っていると、日々、行きたかったなあと羨んだ。最終日は喬太郎師匠の誕生日でもあって、ラストにケーキのサプライズもあったらしい。

二十四日にネタ出しされていた「八月下旬」も聴きたかったなあと指くわえていたが、翌月の「SWAリターンズ」で聴けた。春風亭昇太・三遊亭白鳥・林家彦いちとキョン師の新作ユニット「SWA」の八年ぶりの復活興行。八年前、二〇一一年、「SWA Final」を観に行ったときのことを思い出す。いつまでも何回もアンコールが続いてた。

あのころ私はまだ大学生で、今後どうなるものかまったくわかってなかった。そして今でもわかってない。人間としては今年、私も三十周年を迎えたが、別にめでたくもありません。

（トーキングヘッズ叢書 No.82「もの病みのヴィジョン」二〇二〇年四月）

イエス玉川「石松代参」（二〇二〇年三月七日、木馬亭）

昨年十月から、イエス玉川師匠が日本浪曲協会に復帰して。毎月木馬亭に出るようになって、毎回演目を変えているという。「清水の頑鉄」、「たぬきと和尚さん」、「天保水滸伝　平手の駆けつけ」……。

「むかしの名人は、毎日おんなじ。お客が声をかけて、ほかの演目はやらせなかった」という。東家浦太郎は野狐三次、篠田実は紺屋高尾。

「むかしの名人は、客が気をつかった。わたしの場合は、芸人のほうから気をつかう」

そうして唸りはじめたのは、なんと「石松代参」。広沢虎造の名演は、何十遍きいたかわからない。清水次郎長伝の中でも代表的な演目で、私自身、いちばん好きなところかもしれない。イエス玉川の師匠・三代目玉川勝太郎が演ずる映像も残っているが、実際に聴くのは初めてだったから、気づいた瞬間にさっと血の気がひいた。

そして、イエス師匠の「石松代参」は、やっぱりすばらしかった。石松と親分の次郎長がやりあう場面、もう大好きなんだけれど、イエス師匠の凄みと色気のある声がたまらなかった。むかしイエス師匠は、「江川代参」なんて演目も演じていらしたようだけれど、まさかホンモノが聴けるとはおもわなかった。

もちろん客席としては、毎月ちがうネタが聴けるのはうれしい、のだけれど。「天保水滸伝」も「たぬきの和尚さん」も、イエス師匠が演じれば、何度でも楽しめる。同じ演目に当たっても、楽しんで聴けるので、むりはしないでほしいものです。

と、こんなにイエス師匠も客席に気をつかってくれていたのに。例のコロナ騒ぎで、残念ながら四月以降、木馬亭は休席になってしまった。木馬亭は昨年、大女将の根岸京子さんが亡くなって、明けて五十周年のこの年に……。

私も、学会発表の機会を二回いただいていたのが、ふたつとも中止になった。ガックリ肩をおとしていても、精神科医としての日常業務はつづく。仕事の内容よりも、通勤片道二時間がツライ。特にコロナなさわぎのなかでも、電車は朝から混んでいる。混んだ車内の吊り革に支えられながら、イエス師匠のＣＤを聴きながら通勤している。

「イエス玉川のゴルフ漫談 vol.1」、「新作浪曲　たぬきと和尚さん」、「イエス玉川のとりとめもない話」。いずれも時価で、木馬亭でしか買えなかった。木馬亭がまた開場したら、みんな買ってほしい。

（トーキングヘッズ叢書 No.83「音楽、なんとストレンジな！」二〇二〇年七月）

澤孝子「一本刀土俵入り」（二〇二〇年三月一日、木馬亭）

浪曲をうなる前の、澤孝子師匠のあたたかなお話がすきだ。きょうは、「よう……こそ、お出でくださいました。いろいろと大変なときですけれども、よく今日は来てくれました」と。新型コロナウイルスで、あちこちキビシイ雰囲気に、なりかけていたなかでのお言葉だ。

あちこちの演芸会は中止になった。そんななか、澤孝子師匠の言葉には、あたたかく元気をもらえる。

「さあ、がんばってまいりましょう」と、入った演目は、「一本刀土俵入り」。ちからづよく唸る澤孝子師匠の声には、こちらも感銘を受けながら、不安な気持ちを勇気づけられる。

お正月、「猫餅の由来」を演っていたときには、師匠は声を張り上げたあと、「今年も大丈夫そうね」とにっこりされた。澤孝子師匠の笑顔はほんとうにすばらしい。その通り、今年も澤孝子師匠の高座を、まだまだ聴きに行きたい。

コロナのことも、職場の状況もかわり、毎月木馬亭に行けていた頃のようにはならなくなってきたけれど、師匠のCDやDVDなどを聴き返している。木馬亭で販売されているDVD「浅草木馬亭の浪曲師たち」では、澤孝子師匠は十八番の「徂徠豆腐」が聴ける。浪曲×TファンってTSUTAYAのサイトで動画配信もやられていたりするが、ソフト化もぜひしてほしいところだ。

新型コロナのいやなニュースばかりの毎日だけれど、澤孝子師匠はもちろん、浪花節の名人師匠がたはご健康であってほしいとおもう。

私？　私はふだんから体調悪いから、新型コロナであらためて驚くことはないのです。

（トーキングヘッズ叢書No.83「音楽、なんとストレンジな！」二〇二〇年七月）

「桂笹丸落語会 feat. 狐火」(二〇二〇年二月十二日、江戸資料館ホール)

桂笹丸さんは大好きな落語家さんだった。同い年だということもあり、なんとなく親近感をいだいていた。その笹丸さんの落語会に、こんなにもすごい、ホールいっぱいの人数があつまる。すごいなあ、とちょっとため息をつく。

笹丸さんの「ちりとてちん」は、嫌みな客のきざったらしいかんじを笹丸さんがやると、場内大爆笑だった。

ゲストはラッパーの狐火さんという。最初は誰それ状態でしたけど、狐火さんの「二十七歳のリアル」は笹丸さんの入門を、あとおししてくれた曲でもあるそうだ。

その曲、パフォーマンスは、ほんとうにすばらしかった。人生を感じて、心にしみいるものがあった。それを受けての、トリの笹丸さん「紺屋高尾」も、この会をしめくくるにふさわしく、面白さと感動がかねそなわった出来でした。

会のあと。笹丸さんのYoutubeチャンネル「ささまるどうが」に、狐火さんとのトーク動画もUPされていた。おたがいまたやりたい、とのお話だったので、ぜひ期待したいところなのです。

この「ささまるどうが」には、笹丸さんが「うちの師匠竹丸笑いの種まく　ウケるためやるタイ料理食べまくる」とか師匠のことを歌ったラップ「TAKEMARU」もあってとてもたのしい。

（トーキングヘッズ叢書No.83「音楽、なんとストレンジな！」二〇二〇年七月）

柳家喬太郎「赤いへや」

（二〇二〇年五月三十一日、オンライン配信「文蔵組落語会」）

新宿末広亭五月の余一会は、毎年恒例「文蔵・喬太郎二人会」

今年は新型コロナで寄席の小屋は閉まってたから、ならば配信でやろうとなったという。演目も、あらかじめネタ出しされていたものとおなじ。柳家喬太郎は「赤いへや」、江戸川乱歩原作。橘家文蔵は「左の腕」、原作は松本清張だ。ミステリー特集のこの回に、ゲストは漫才のロケット団。出囃子が「少年探偵団」なんである。

喬太郎師匠はふだんから超ハードスケジュールで心配だったから、このコロナでいい休養ができてたらいいのにと思ってた。けれど、配信ででも落語をしてくれる。ありがたいことだ。別の配信落語会では、ひさびさに落語を演れてうれしいと話していた。

自粛期間。家でたいくつなひともいたでしょうというのを、枕に入ったのがこの噺。「柳家喬太郎アナザーサイド」というＣＤで何度も聴いて、寄席の高座でも聴いたが、聴くたびに凄みを感じる。隠居ぐらしでお金もあって、遊びもやりつくして退屈だという旦那衆。そこへ呼ばれていった一人の落語家。

自分もこの世にたいくつをしている。たいくつまぎれに落語家になった。修業時代は退屈する暇もないが、香盤があがれば暇になってくる。そんなとき、ふとおもいついた。

偶発的な殺人をやる。たとえば、耳が遠いおばあさんが線路を渡っている。列車がもうすぐ来る。そのままだまっていれば渡り終えられるだろうが、「あぶないよ」と声をかける。おばあさんはそれがために振り返り、列車にひかれる……。この計略がはずれて、死ななくてもべつにいい。

「別に恨みがあるわけじゃない、たまさか死ねばおもしろいから」

そんな人殺しを九十九人やって、殺人にも「飽きましたな」という表情、声音のものすごさ。そして、原作とはすこしちがうラストのあと、長めに流れた「ぼ・ぼ・ぼくらは少年探偵団」という出囃子もミステリアスで、映画のエンドロールの曲のようにも聴こえた。

落語は生で聴くのがいいけれど、喬太郎・文蔵二人会は、毎年大人気でチケットがとれない。今年もむりだろうとおもっていたら、配信というかたちででも観れたのはありがたいことだった。

ひとを九十九人殺すほどのたいくつを、私もしてみたいものだ。新型コロナの最中も、ずっとずっと仕事。みなさんもそうでしょう。もう休もうよ。

（トーキングヘッズ叢書No.84「悪の方程式」二〇二〇年十月）

六代目神田伯山「畦倉重四郎」全十九話（Youtube・神田伯山ティービィー）

江戸の名奉行・大岡越前が生涯裁いたなかで、三悪人と呼ばれ、八つ裂きにして余りあると言わしめたのが、徳川天一坊、村井長庵、そして畦倉重四郎なんだそうだ。

天一坊も長庵も、講談の題材になっている。どれもスサマジイ物語だが、畦倉重四郎の物語もスゴイ。そのモノスゴイ物語の連続公演の動画が、松之丞改め六代目神田伯山の、公式Youtubeチャンネルで観れる。

第一話の視聴数は、二〇二〇年八月現在、七十八万回再生。第二話「穀屋平兵衛殺害の事」は二十六万回再生。さいごの第十九話「重四郎服罪」は、連続公演のA公演、B公演の両方あがってて、どっちも十一万回再生。いまエクセルで計算してみたら、〆て三百五十四万だ。

全十九話の中身はというと。恋人の親を殺し、その罪を他人に着せる。バクチで負ければ、そのバクチの仕切り役を殺して金を取り返す。その子分も殺す。追ってくる子分から、自分をかくまってくれた恩人も殺す。こんな死体をひきうけて、焼いてくれた焼き場の番人も殺す。延々と殺しまくって、涼しい顔して大店の婿にもなる。

もちろんこんな悪人、それではすまず。フトしたことからこの悪事が露見して入牢するも、その街に火事を起こして逃げる。

それでもどうにかつかまって、いよいよ証拠が出揃ったときも。ただひとつ、別人に罪が着せられた事件だけは、自分がやったと認めない。無実でつかまったそのひとは、さらし首にもなっている。濡れぎぬ着せられたひとの息子が涙ながらに、罪を認めてくれと頼むのに、畦倉は決して頷かない。

しかしその息子と大岡越前は、或る約束を交わしていた。自分の父が無実とわかったら、越前守の首をもらうと。

その約束のことを聞くと。畦倉はとたんにテノヒラ返す。それも自分だと即座に認めて、「大岡越前守の首がはねられるところが見とうございます」と笑う。

実はその父親は、越前にかくまわれて生きていて、息子と涙の対面となる。畦倉はひどく悔しがったという。

とうとう畦倉の死罪がきまると、いわく。

「俺は好きなことをやってきた。うまい酒があれば酒を呑み、抱きたい女がいれば抱き、殺してえやつがいれば殺してきた。ところがお前たちはどうだ。惚れてる女がいても声もかけることもできず下を向き、きらいなやつにはせいぜい陰口。食いたいものもくわず博打もせず人も殺さず。おめえたちは俺が地獄におちるとおもっているだろうが、俺からみればお前たちのほうがよっぽど地獄にいらあ。太く短く生き、歴代の中でも悪行ざんまい重ねたこの畦倉重四郎、後世に語り継がれる悪党となる。てめえたちの名前なんざあ歴史に残らないが俺は残る」と笑う。

畦倉と、悪口ばかりで性格の悪いラジオで売れた六代目伯山とその姿が重なり、しかもこの物語を「大団円でございます」と締めくくるという物凄さ。なんともどす黒い大団円だ。

（トーキングヘッズ叢書No.84「悪の方程式」二〇二〇年十月）

「柳家喬太郎独演会」（二〇二〇年七月十一日、文春落語ONLINE）

毎月のお楽しみ、柳家喬太郎の「文春落語ONLINE」である。

今回は古典二席。「粗忽長屋」に「首ったけ」。

もう何年も前、池袋演芸場のトリで「首ったけ」を聴いたことがあった。あのときは、喬太郎師匠連日のハードスケジュールで、けっこう咳き込んだりもしてた。体調、だいじょうぶだろうかと心配になるほどだった。

このコロナ禍で、ゆいいつよかったのが、ふだん超いそがしい師匠がたがすこし休みをとれたであろうこと。

緊急事態宣言があけて。喬太郎師匠はもういそがしそうにしてるので心配ですが。現在も鈴本演芸場の夜席トリにでている。今週日曜あたりまた観に行きたいナ、とおもっております。

ラストの「質問コーナー」も、ふだんの落語会ではない企画だから、たのしい。出囃子をどうやって決めたか、という話は面白かった。「まかしょ」をすすめたさん喬師匠やっぱすごいな。一時期、イエス玉川師匠も「まかしょ」で上がっていた気がする。

「痩せる気はあるんですか」などという質問があった、というのにはわらいました。日原さんもこのひと月くらいで、十キロ以上ふとってしまった。コロナ太りですか。コロナ中もフツーに仕事だったですけどね。こないだからダイエットをしております。

鈴々舎馬るこ「闇のたらちね」(二〇二〇年七月十八日、三越落語会ONLINE)

ひさしぶりの三越落語会は、配信で。

馬るこ師匠の「闇のたらちね」面白かったなあ。古典では言葉が丁寧すぎるというおかみさんが、「闇の」では中二病に。この中二病の女性が、いろいろ病みちらかしてすごいんだ。めちゃめちゃ面白かった。

立川談笑師匠は「たがや」。威勢のいい感じが似合うなあ。立川流はたがやの首を飛ばすような気がしてたけど、談笑師匠はオーソドックスなかたちで。

三越落語会も、いろいろ都合あわなくて行けてなかったけど……はやくあの劇場で観たいものです。三越劇場、わりと好きなところなのだ。

柳亭市馬、柳家喬太郎、春風亭一之輔「市馬落語集スペシャル公演」（二〇二〇年九月十六日、国立劇場大劇場）

たいへんにお世話になっている先生に夕食をおよばれし。めっちゃ緊張しながら、ありがたいお話をいただいた。そのあと、半蔵門に。

裏の国立演芸場はわりとよく行くけど、大劇場は、じつははじめてだ。一之輔師匠は途中から、ロビーで。「粗忽の釘」。やっぱ面白いなあ。

市馬師匠、ほんとうはオーケストラをよぶはずだったと。毎年年末恒例の会が、今年は九月に、国立大劇場で。私は九段会館でやったとき以来か。あのときは立川談志師匠も、志らく師匠と一緒にでてたはずだ。家元の高座はなく、立ちでトークをされていた。家元が談吉さんといっしょに会場に入ってくる、その後姿をおぼえている。

市馬師匠は「胴切り」から「首提灯」。なんとなく、家元をおもいだす。

喬太郎師匠は「母恋いくらげ」。何回聴いても、しみじみ、いい噺。

マクラの「農耕接触」は、生できくのは初めて。というか、コロナ以降配信はちょくちょく聴いていたが、生で喬太郎師匠の高座をきけたのは初めてだ。

トリも市馬師匠だけれど、わりと疲労のピークだったので、申し訳なくおもいつつ退出。

春風亭一之輔・藤巻亮太二人会「芝浜と粉雪」
（二〇二〇年十月四日、人見記念講堂）

緊急事態宣言中。戦時中もやっていた寄席が、閉まった。一之輔師匠が夜トリだった鈴本演芸場の興行もなくなった。

かわりに一之輔師匠、毎日YouTubeで生配信やっていた。時間も鈴本のトリとおなじ、二十時十五分開始。生配信だったが、アーカイヴも残してくれている。噂の「団子屋政談」も聴けた。途中までは古典の「初天神」で、子どもが父親との初詣では飴だの団子だの買ってといろんな手をつかって要求してたのに、お奉行さま相手だと途端にちぢこまっちゃってるのが面白かった。

一之輔師匠を連続で聴いてたら、ひさしぶりに生で聴きに行きたいとおもった。とはいえ一之輔師匠、NHK「プロフェッショナル」にも出たりして、わりと前から「チケットがとれない落語家」だ。行けそうな会をさがしていたら、こんな会にぶちあたった。「芝浜と粉雪」。こなあああーゆきいいいーねえ、くらい、音楽あんま詳しくない私だって知っている。レミオロメンの曲だ、ってことも知っている。藤巻亮太と言われると困るが、たぶんそのレミオロメンのひとなんだろう。

それぐらいの知識で出掛けていったら、すごかった。オープニングトークで二人並んで、一之輔師匠が開口一番、「今世紀最大のコンセプトのわからない会にようこそ」。ラジオ番組にゲストで出て以来、ふたりで飲みに行く仲なんだとか。

さいしょ、藤巻亮太がギターをもって、「日日是好日」、「雨上がり」なんてところを歌う。初めて聴く曲だったけれど、好みの曲だった。帰ってからYoutubeで聴きながらこれ書いてる。CDも買おうと思った。

やりにくいなあ、とこぼしてから、一之輔師匠は十八番「お見立て」に。

田舎者のお大尽が、配信でみたときのようにスサマジイ。ボォー、って陸蒸気みたいな声で泣く。

中入り後、いよいよ「芝浜」に。人情噺のラスト、夫婦がお酒を飲もうとするときに、さざめ雪が降ってくる。そして、藤巻亮太の「粉雪」。映画のエンディングのようで、すばらしかった。最初はコンセプト謎に感じてたけど、実にいいコラボレーションだった。

（トーキングヘッズ叢書No.85「目と眼差しのオブセッション」二〇二一年一月）

「五代目金馬・金翁襲名披露興行」（二〇二〇年五月一日〜十日、鈴本演芸場）

みんな金翁師匠だいすきな空間だった。紙切りの林家正楽師匠の出番で、客席からリクエストされたお題も、「金翁一門」、「金翁師匠」、「お笑い三人組」って金翁・金馬師匠関連のばっかりだった。

御年八十九歳の四代目金馬師匠が、息子の三遊亭金時に、「金馬」の名前をゆずるという。自分は「金翁」になるという。歳を召されて力づよい口調が、いいかたちにまるく柔らかくて、私もだいすきな落語家である。

ダブル襲名披露興行の、大初日は当直明けの日だったが、これは行かずばなるまいと勇んで行った。客席に遅れて入ったら、評論家の広瀬和生さんもいた。後ろ姿でもすぐわかる。

披露口上の司会は、同い年で小さいころから友達だったという林家正蔵。金翁になる四代目金馬は、お笑い三人組として三代目江戸家猫八・一龍斎貞鳳とともにテレビで売れたときも、師匠の三代目金馬から「落語は死ぬまでできるんだから、落語の稽古をしなきゃだめだ」と言われたという。実際にこんなご高齢になっても、高座にあがってくれているすばらしさ。

「金翁誕生」という演題で、先年脳梗塞で入院した際の話、リハビリ病院での騒動などを語り、たいへんに面白かった。ずっと聴いていたい、すっごく素敵な口調だ。

新しい五代目の金馬師匠、「厩火事」。父親ゆずりの口調も見えながら、五代目らしさが光るいい噺家だ。この金馬師匠が、いまの金翁師匠のような歳になるまで、私は生きていられるのかなあ。

（トーキングヘッズ叢書 No.85「目と眼差しのオブセッション」二〇二一年一月）

イエス玉川「芸は身を助く」（二〇二〇年十二月二十七日、木馬亭・若手浪曲競演会）

木馬亭では毎年、暮れに「木馬亭大忘年会」が開かれる。大看板の浪曲師たちが余芸をやったり、素人さんが浪曲を唸ったり。

今年はこのコロナで、この忘年会も中止。代わりに「みなぎる！　若手浪曲競演会」なんて会が催され。トリは玉川奈々福さんの予定だったが、やっぱりコロナ関係の濃厚接触？　なことがあり、前日に急遽、代演イエス玉川師匠と決まった。

さいわい日曜日、からだもあいている状況で。イエス師匠が出るなら観にいかねばならない。澤雪絵さんや、東家孝太郎さんの「幡随院長兵衛」もよかった。けれど、やっぱり目玉は、イエス玉川師匠である。

まくらでさんざん、「奈々福の代演」、「きょうはスケジュールいっぱいだったのに。大掃除のスケジュールで」って笑わせたあと、新作浪曲に。玉川太福の弟子いっ福が、結婚を申し込みに、相手の実家に挨拶にいく。

っていうだけのストーリーなのに。おなじみの「朝からのむのはアサヒビール」からはじまるビールのギャグやら、「靖国を護った男」という浪曲を演じたことについてブログで批判されたことに延々と文句を言ったり、すごいものを聴いた、と思った。ビデオ撮影もされているようだったので、ぜひ、ＤＶＤ化などしてほしい。

（2020/12/31 のブログ）

「SOUL OF 浪花節　澤雪絵の会」（二〇二〇年十一月八日、紀尾井町小ホール）

いちおう医者のようなものなので、この新型コロナのさなか、いちおう気をつかっている。とはいえ、マスクがほんとうにいやで、診察中などはやむなくつけているが、息苦しいしマスクの布の密着感がたいへんにいやだ。

寄席や演芸会でも、客席でのマスクは必須である。マスクしながら聴く落語や浪曲は、がんばっても一時間が限度だ。こっちの精神的コンディションのわるさもあり、一之輔師匠の独演会も中入り休憩のときに帰ってしまったりする。

この澤雪絵さんの会。師匠・澤孝子がゲストで、十八番の「徂徠豆腐」をうなる。さいきん木馬亭の澤孝子師匠の出番に行けてないから、こちらを目当てに行ったのだけれど。

もちろんすばらしかった。清貧で苦学する荻生徂徠を、「えらい、えらすぎる！」と驚嘆する町の豆腐や。音源や、ＤＶＤなどで聴いたが、やっぱりライブで聴くとすばらしい。

そして、この会の主役、お弟子さんの澤雪絵さんも、凛として、かっこいい演目「姿三四郎恋暦」。富田常雄の人気作「姿三四郎」だが、澤孝子の師匠である廣澤菊春も得意としていた演目だという。澤孝子による音源もある。若い姿三四郎と、試合相手の警視庁武術師範・村井半助と、その父を心配する優しい娘と。このひりついた恋と武道の物語を、清々しくかっこよく聴かせる。いい浪曲師だなあとおもった。

と、ここで一時間がすぎてしまって。このあとは大ネタ「春日局」を雪絵さんが演ると予告されており、めっちゃ気になりはしたのだが、澤雪絵さんの「姿三四郎恋暦」、澤孝子師匠の「徂徠豆腐」がほんとうにすばらしくて満足して、日原さんはもうずいぶんヘトヘトで、明日も仕事で朝五時に家を出なければならないし、体力の限界で家に帰った。

追記です。このあと、澤雪絵さんのこの会は、芸術祭新人賞を受賞したのであった。イヤめでたい。宇佐見りんの「推し、燃ゆ」もレビュー書こうとしてたら芥川賞をとってしまってあわててやめておりました。これからも本当に期待したい。

「二〇二二年も夢月亭清麿」(二〇二二年一月九日、らくごカフェ)

二度めの緊急事態宣言のなか。寄席や落語会は、二〇時終演として開いておりました。鈴々舎馬風師匠や三遊亭ごはんつぶさんなど私の好きな落語家さんもコロナ陽性がわかり、興行もバタバタ中止になったりもしましたが。

清麿師匠の貴重な独演会も、どうにか開かれて。とてもありがたかった。二〇二一年のテーマは「東京百景」。第一回目の今回は「浅草」。

浅草演芸ホールの初席、正月興行といえば、お客をぎゅうぎゅう詰めにすることで有名だ。それが今年は、お客は数えるほどしかいなかったという。私の座右の銘は「一寸先は闇」なんですが、コロナ禍のさなか、ほんとうに闇だ。

そして、「浅草という街はほんとうは、落語という粋な芸能は似合わず、もっと華やかなもののほうが合いますね」という鋭い指摘を述べながら、浅草をテーマにした物語に。ひとくせあるじいさんが結ばせる、シブい男と女とのしみじみとしたラブストーリー。このさなかにあたたかかく、ありがたい物語だった。二〇二一年もどうにか生き抜いて、清麿師匠の落語が聴きたい。いえ、死亡フラグにしたくないですが。

イエス玉川「赤城の血煙り」(二〇二一年二月八日、奈々福チャンネル・Youtube配信)

イエスさまは気まぐれだ。浅草の浪曲定席・木馬亭に、ずっと出ていなかったのに、一昨年の九月から急に出始めた。それも、毎月。

夢のような日々でした。「平手の駆けつけ」、「石松代参」、「たぬきと和尚さん」、「朱書きの鍾道」……。どの演目も、すばらしかった。ほんとうにすばらしかった。この芸が、演じられそのまま消えてゆくのが、じつにかなしくせつなく思われた。「靖國を護った男」なんて、めずらしい演目もあった。イエス玉川の大師匠、わかの浦孤舟もやった演題だという。

気まぐれなイエスさまは、今年三月以降、きゅうにまた木馬亭定席に出なくなってしまった。病気とかではないようだが、ナニゴトかあって休んでいるらしい。

今年の二月七日が、さいごの定席出演だった。演目は「徂徠豆腐」。これでしばらくまた、イエス師匠の高座は観れなくなってしまうのか。とおもったら、姪っ子弟子の玉川奈々福さんの、「奈々福チャンネル」にゲストでお出ましになるという。演目もネタ出しされていて、「赤城の血煙り」。虎造の名演で何度も聴いたが、イエス師匠は「清水の頑鉄」という題でもやる。しかし、イエス玉川師匠がネット配信の演芸会にお出になるとは……なんとも、スゴイ時代である。

学生時代「一時期グレまして……」、やくざの道も考えたというブッソウな話から、入った演目も侠客もの。もとはお寺の坊さんで、国定忠治の仲間になろうという清水の頑鉄の、豪傑っぷりがみごとに歌われていた。こんなすばらしい浪曲が、一週間のみの限定公開だなんて。ぜひ今後、DVD化などをたのしみに待ちたい。っていうか「イエス玉川　古典・新作浪曲大全集」ってDVD—BOX、出して欲しいんだ。できればブルーレイでも欲しい。

第四章　落語の本やらＤＶＤやら

ＤＶＤブック『談志が帰ってきた夜』梧桐書院、二〇一一年一月

もう、二年も前のことだ。糖尿病の悪化に苦しんだ立川談志は、すべての仕事を突然キャンセルした。その後、八カ月にわたり活動休止。ようやく復帰が決まった「立川流落語会」のチケットは、落語史上かつてないプレミアものとなった。なんでも、ヤフオクで十万円以上の値がついたとか。ジャニーズのコンサート並みだ。あっちはもっと高いのか。くわしくないのでよくわからない。

その高座のドキュメント映像に、病中の日記がついたＤＶＤブックが出た。おまけに、当日のプログラムまで再録されている。談志教信者にとって、まさに夢のような一冊である。

帯の文句はこうだ。

「そのとき客席は、泣いていた」

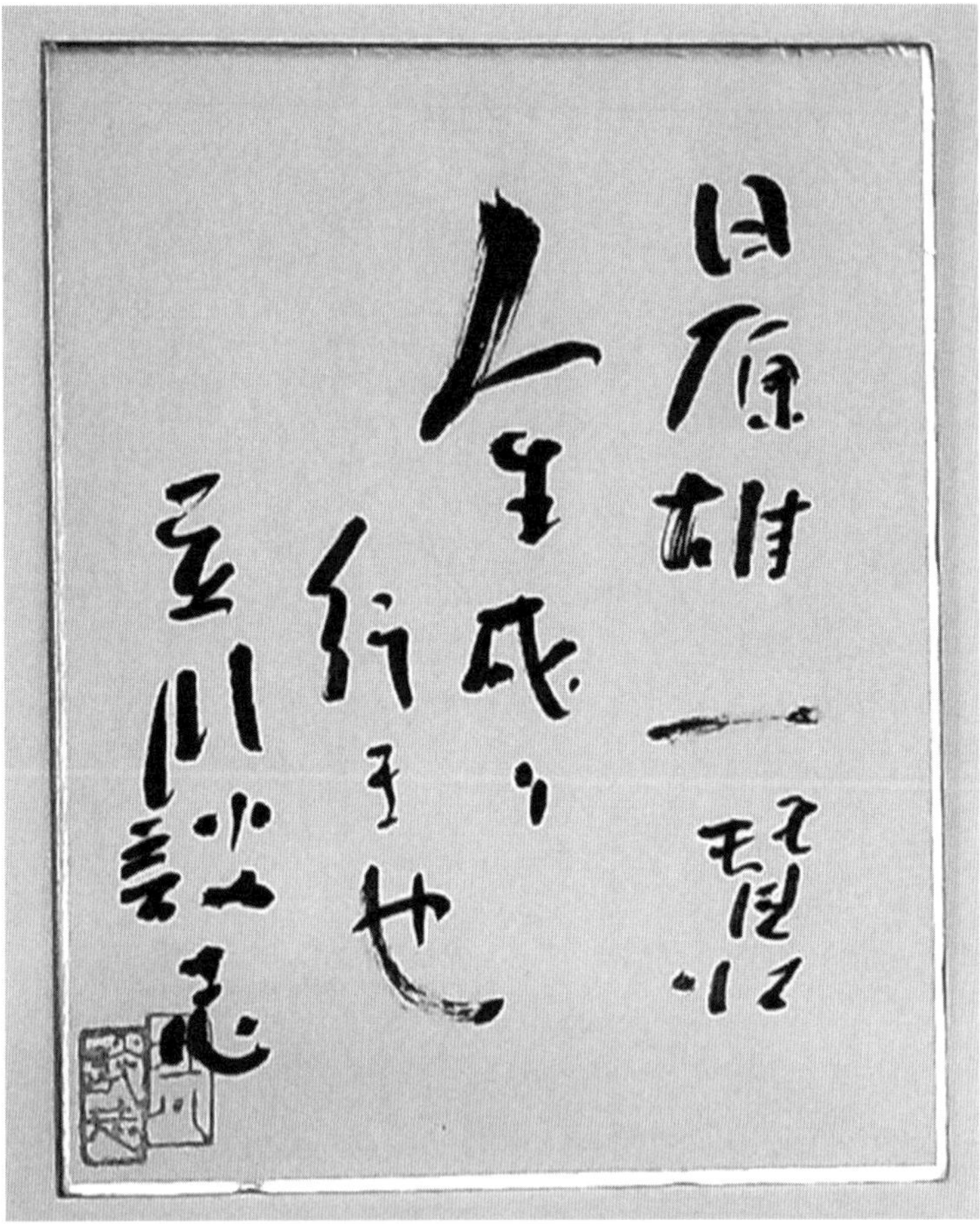

立川談志師の色紙といえばこの名文句です

流れたのは随喜の涙だろう。感動によるものかもしれない。

けれど私は、その二カ月前から泣いていた。この落語会のチケット争奪合戦に、あえなく敗北したためだ。

しかし、やはり談志は談志だった。それからはさまざまな媒体に登場し続け、ファンを楽しませている。ほとんど出ない声で、一時間を越す大熱演もした。客席はまた涙である。

あの日の落語会で配られた、プログラムの談志の文章から抜く。

「今日ははたして高座が務まるのかいな」「自信がない」

だがこのあと、吹っ切れたような言葉が飛び出した。

「お客が来るうちは甘ったれているか」

五代目三遊亭円楽は、自分の思う芸ができなくなったと引退した。談志に、それは許されない。落語を通じ「立川談志というドキュメント」を見せてきたのだから。

もちろんお客は、私は、いつまでもこの落語家を甘やかし続ける覚悟である。

（トーキングヘッズ叢書No.46「ひそやかな愛玩具」二〇一一年四月）

立川談志『談志　最後の落語論』ちくま文庫、二〇一八年十月

中学生のころ、本屋で異様な本を見かけたのをおぼえている。二〇〇〇年ちょい過ぎ、ごろか。黒い表紙に、厚いハードカバーでズラリ並んだ、「立川談志遺言大全集」。遺言の全集ってなんだと思った。しかも全十四巻。ＣＤつきでやたら高いし、どんな遺言なんだと。

この人なら遺言を十四冊も出すだろうとわかったのは、高校生になってからだ。当時から好きだった山藤章二と吉川潮と、かの人が出た「芸談大会」が紀伊國屋ホールであった。それは二〇〇五年四月二十六日のことらしい。

三者の座談会の前に、今をときめく立川志らくが「茶の湯」をやって、めちゃ面白かった記憶がある。この会では談志家元は落語はやらなかったけど、最後にジョークをたっぷり聴かせてくれた。思春期の私には「アフリカン・ルーレット」が衝撃的で、そして、この人が平成の超大名人であることを知るのである。それから何度か会に行ったけれど。

家元は体調不良で休養をくりかえして、最晩年、二〇一〇年ごろは枯れ声で、喋るのもとてもつらそうで、なのに一時間近く高座をつとめ、まさに「鬼気迫る」ような迫力に満ちていた。

立川談志の『現代落語論』、『あなたも落語家になれる「現代落語論」其二』は、落語界に多くの影響を与えたが、平成二十一年に出た『談志　最後の落語論』はおそらく平成で一番、インパクト

があった落語本である。二番目は平成二十年の立川談春『赤めだか』で、どちらにしても家元だ。

落語は人間の業の肯定である。落語はイリュージョンである。というのは、家元のこれまでの落語論の代表的なフレーズだが、この本ではそれをさらに深化させている。

曰く。落語とは、非常識の肯定である。落語は「立派な行い」を笑う。立派なことをするのも業デスネ、と言われれば、そうだろう。落語は「江戸っ子の品」を語る。自分の欲望を金で解決するのを、恥ずかしいこととしてやらないのが「品」というものだ。金で解決している品の悪い奴を笑っているのが落語というこった。落語に美談はない。「いいことをすると恥ずかしい」というのが、日本教にあったからだ……。

引用したいフレーズはいっぱいあるが、なかでも最も重要なものと思われるのは「江戸の風」だ。

「落語とは何だ」と自答し、談志家元はこう答える。

「寄席という、独特の空間で、昔からある作品を江戸っ子の了見で演る。己のギャグ、自我、反社会的なこと、それらを江戸の風の中で演じる」

そして、そうとしか言えまい、とつぶやく。

このフレーズに最初に着目したのが立川志らくで、いまはTVで江戸の風を吹かせている。柳家喬太郎は「江戸の風は吹かせられないけど、八〇年代の風を吹かせたい」なんてことを言ってたが、キョン師の落語は古典でも新作でも江戸の風を感じる時がある。

そういえば、三代住めば江戸っ子だから、平成の陛下も江戸っ子である。この陛下ほど、スマートで品のあるおじいさんを私は知らない。つまり平成の世は江戸っ子の時代だ。

（トーキングヘッズ叢書No.78「ディレッタントの平成史」二〇一九年四月）

快楽亭ブラック『立川談志の正体　愛憎相克的落語家師弟論』
彩流社、二〇一一年二月

本を書かずば立川流にあらず。と言われたぐらい、立川談志門下には名文家が多い。数十冊の著書を持つ談四楼をはじめ、談之助、談幸、志らく、キウイ……。談春にいたっては、講談社エッセイ賞まで貰っているぐらいだ。

なかでも好きなのは、快楽亭ブラックの文章である。鋭い分析と毒のある内容が、軽妙な文体で綴られる。これは、談志の文章とも共通する魅力でもあるのだ。

そして両者とも、実の師匠の門下から外されているのも興味深い。談志は小さんから破門され、ブラックは立川流を除名になっている。しかもどちらも、関係断絶は表向きだけで、ひとたび顔を合わせれば大変に仲はよかったそうだ。

小さん師匠は、俺だけ見ていれば良かったんだ。かつて談志はそう書いた。口うるさい親と不良息子のようだった自分と小さんの間柄に、まわりの者が嫉妬してごちゃごちゃ言ったのが悪かったという。

ブラックもそう言いたかったろう。ブラックが多額の借金を抱えても、談志はまったく問題にしていなかった。けれど、立川流顧問の作家・吉川潮が、ブラックに除名処分をつきつけた。そのとき。かばってくれなかった師匠・談志に対して、弟子のブラックは何を思ったか。まさに、愛と憎しみが相克していたに違いない。

談志の死後三カ月足らずで出版されたこの本には、そんなブラックの感情が生で出ている。すべてがいい思い出、となる間もなくて、師匠の悪口もごっそりと詰まっている。

だが、これは談志という落語家にとっては、何よりの追悼となったであろう。自分の人生そのものを、「ドキュメント立川談志」として高座で見せつづけてきた芸人なのだから。

家元はやさしくてさびしんぼだ。そう、ブラックは書いている。それはそのまま、ブラック自身にもあてはまる。

これでケチなところも受け継いでいたら、二千万の借金なんてつくらないで済んだだろうに。

（トーキングヘッズ叢書 No.51「魔術的イマジネーション」二〇一二年七月）

立川談之助『立川流騒動記』ぶんがく社、二〇一二年六月

難産だからか。そうなのか。難産って何ざんす、って駄洒落はいちおう書いておくが。刊行までいろいろあった。らしいんである。もともとは、談之助師の新作落語論を出そうという話が、師匠・談志を通じた自伝本になり、ようやく原稿がまとまりかけたところでの家元死去。もう師匠に読まれる気づかいはいらないということで、掛けていたフィルターを外してさらに書き直し。でもそれだけに、すごくスリリングな一冊となった。

どのくらいスリリングかというと、談之助師より年季的にかなり下のおとうと弟子・志らく師も牙をむくぐらい。

曰く、「死んでから言うのは卑怯です」

卑怯でも何でも、面白いんだから仕方がない。

しかし気になるのは、談之助師が初めに掛けたというフィルターの基準である。この師匠は談志生前から、「本家立川流」という同人誌や漫談ふうの新作で、好き放題言っていた気がするのだが。刊行を遅らせたのも、実は作為的のような気がする。

家元追悼本が出尽くしたころを見計らい、大詰めの真打本として出そうという策謀。談志の議員時代、公設秘書でもあった談之助師だけに。

「真打は最後に上がるんだ」

参院選で談志が最下位当選したとき、記者団につぶやいた言葉が頭のなかを渦巻いている。談志の顔と談之助の顔が重なり、面長なぶん談之助師の方がはみでてる。

エピソード自体が面白いのは、当然のことである。だしぬけにサンパウロ新聞の電話番号を調べさせたり。明太子のヒトカケラのため、弟子を飛行機に乗せずホテルまで取りに帰らせたり。期待通りの談志がいる。

が、ここで特筆しておきたいのは、それが綴られる文体である。立川談志の文章も小洒落て好きだったが、談之助師のも素敵なのだ。

特にそれは、ちょいと落語論を述べだしたところで真価が発揮される。

「ぶっちゃけた話、落語なんて誰だってできるのである。カラオケより流行らないのは、歌より長くて覚えるのが面倒くさいというだけの理由なのだ」って、ほんとにぶっちゃけすぎだと思うが。ただで落語を聴くために落語家になった、というほどの談之助師が言うことだから、間違っちゃいないんだろうが。

過激なのにクレバーだから始末に悪い。というところが談志譲りである。「邪道真打」というふれこみだが、そのスタンスは立川流として王道だろう。

次こそ本当に、落語論を主体にした本が読みたい。志らく師の「落語進化論」に取って代わるような、邪道としての落語論を、是非に。

自ら「超二流」と称した談志の落語論を超えるものは、邪道から生まれるに違いないはずだから。

（トーキングヘッズ叢書 No.53「理想郷と地獄の空想学」二〇一三年一月）

立川談笑・唐沢俊一「超落語！ 立川談笑落語全集」アスペクト、二〇〇六年十月

スーパーやコンビニで売ってそうな落語である。ネット通販でも買えるかもしれない。

談笑師はときどき、ツイッターで熱い言を吐いている。

「もっと頑張ろう！ 小手先じゃなく！」

もと塾講師、だそうだ。納得した。こういうタイプの先生、いますよね。言葉の熱さはときに激しさになる。

昨今の落語ブーム、「平成の落語黄金時代」について曰く、「才能ある落語家は油断しちゃうし、才能のない落語家は酷さを自覚できない」

立川談笑がどっちかは、言うまでもないことである。

師匠・談志の序文によると、「妙な部分から落語を攻めてきやがった」「奴ぁ、新作という己れの世界の落語を創る。ある時はパロディとしてギャグ、改作となる」

この改作がめっぽう面白い。落語は「古き良き昔話」でなく「あるがままの現代」を描いてきた、

という談笑の主張どおりの作品群だ。ただ、発表から十年は経過し。既に懐かしさを覚えるものもありますが、それも含めていい味わいです。

のんびりとした滑稽噺「あくび指南」が、一気に汚く「げろ指南」になった。人情噺の名作「芝浜」は、ヤンキー夫婦の感涙ドラマ「シャブ浜」だ。原作の亭主は酒に溺れてる。改作ではシャブ中の兄ちゃんである。最近はシャブって聞きませんね、近頃の流行りは脱法ハーブ、お目があるひとは大麻のほう。クスリともせぬ駄洒落はいいや、麻薬もＡＫＢもハマると恐いですが、好きなアイドルと結ばれたファンを描く「ジーンズ屋ようこたん」は全誰かが泣いてた。「……たん」キャラ、いたよねえ。リアルタイムで触れた事物にまた会える嬉しさは、古典落語では味わえない。たぶん。

しかも、単に舞台を現代にしただけでない。理由がちゃんとあるようだ。

例えば「げろ指南」の場合、行儀作法の指南とは、本能・欲望を包み隠す行為を教えることだから、あくびより刺激的なげろにしたとか。

収録された落語は全十一篇。どれも談笑師の作品である。共著者の唐沢俊一は、それぞれの演目解説、巻末で談笑師と対談、「談笑ラボラトリーへようこそ！」なんて文章も。ラボラトリーとはまさにその通りで。

「いまの談笑の眼前に、落語は大きなオモチャとして横たわっている。ときおり、オモチャをわしづかみにするその目に、かつての狂気の光が戻ることもあるかもしれない。実験だっていつも成功とは限らない」って、どんどん物騒になってる。

終いには「人間アキラメが肝心ですぞ」ときた。いったい何を諦めろというのか。平和な未来か。

そういや思い当たる節がある。談笑以後、こしら・天どん・馬るこなど、妙な部分から攻めてくる落語家が増えた。一方で、古典の保守本道を突き進む落語家も未だ数多く、両者がぶつかりあうことで落語界は活性化しているようだ。

落語の黄金時代というか、戦国時代なんである。勝ち残るのは伝統か現代か。両方だ。

「伝統を現代に」

結局、談志にいきつきます。（トーキングヘッズ叢書No.57「和風ルネサンス」二〇一四年一月）

三遊亭白鳥『ギンギラ★落語ボーイ』論創社、二〇一一年十一月

道は迷うためにある。なんて思っているのは、私が方向音痴だからでしょうか。いや、そうとも言い切れない。っていうか言い切りたくはない。

日本には複雑な道が多いんだから。柔道・剣道・茶道などですね。どれも、わざわざ人を惑わせる仕組みをほどこしてくれてる。そう思えてならないんである。

こういうめんどくさい道の中でも、とりわけ険しいのは。やっぱり「芸道」だろうと思うのだ。

何人もの死者が出てるんですから。

五代目柳家つばめによれば、落語家が自殺する原因は、芸の苦しみではなく芸道の苦しみだ。こう、落語界の知性派は書いている。

では芸道とは何かというと。「芸プラス利己心プラスあるふぁ」らしい。

若手落語家を描いたこの長篇は、まさに「芸道小説」である。銀月亭ピョン太も芸道に迷う。迷いまくる。上手くて達者で人気もある後輩の落語家に、嫉妬し焦って泥沼にはまる。一時は命まで危うくなる。

が、怪我は功名をなすものだ。ピョン太は少しずつ這い上がり、ふたたび芸の道を進んでいく。だが、このピョン太のモデルだという金原亭馬遊師匠はどうか。残念ながら、負った怪我のぶん功名をなしてるとは言いがたい。って、私が言うのも僭越だけれど。

ついでにもっと僭越なことを言えば、この本の作者・三遊亭白鳥についても同様である。ピョン太も馬遊も白鳥も、まだまだ芸道の途中。いや、芸は一生勉強というから、その道は果てしがないんでしょうね。

三人がどこまで先へ進めるか、あるいは立ち止まるか引き返しちゃうのか。がぜん気になるとこではあるのだ。


（トーキングヘッズ叢書No.50「オブジェとしてのカラダ」二〇一二年四月）

柳家喬太郎『落語こてんコテン』筑摩書房、二〇一三年八月

これがラストらしい。「落語こてんパン」に続く、キョン師の落語エッセイ。二冊目にして、あとがきで、「これからは原稿ではなく、高座からたくさんの落語を、皆様に楽しくお届けできるよう、精進を重ねて参ります」なんて改まった調子で書かれちゃって。原稿からお届けされてた落語も、楽しかったんだけどな。

天才はマルチなのである。落語の高座以外でも、文章もマンガもラジオＤＪも。だけどここ数年、疲れたようすが見えるときも。そりゃ疲れますか、こんなにいろいろやってたら。

仕事を選べばいいのにと勝手な心配をして、いざ選べば選んだで残念がる。勝手なファンなのである。

でも、このシリーズ、たまにパラパラめくるの好きだったなあ。文体もそれぞれ、そのときどきで違って。

「一人称が僕だったり俺だったり、ですます調だったりそうでなかったり」

私の文章もそうですしね。テへ。テへじゃないけれど。

キョン師は自分で「文章がヘタクソでお恥ずかしい」って書いてるが、読んでてとっても心地よかったし。

演目の荒筋、解説だけでなく、初めてその噺を聴いたときの思い出話とか、キョン師の日常とか、読んでてしみじみした。そういう話はまた今度、高座から聴いてみたい。

（トーキングヘッズ叢書No.78「ディレッタントの平成史」二〇一一年四月）

稲田和浩『大人の落語評論』彩流社、二〇一四年四月

永遠の五歳児だから大人に憧れる。ウソである。いろいろとウソである。気まぐれに思いつきでものを言うと訂正がめんどいことになりますね。

評論にも憧れている。これもウソだけど。ウソがとまらないね。

で、いきなりマジなほう行くけど、私の書いてるのは評論でない、という自覚はあって。ときどき調子に乗って評したりなんかしても、あんまり論じることはないです。

落語評論の定義について、本書には書かれている。落語や落語家の紹介、巧拙を述べるだけの評論は「ただの落語評論」で、そこから一歩進んだ自己表現、研究発表がなされているものは「大人の落語評論」だそうだ。お、おう。

以前、広瀬和生が「落語評論はなぜ役に立たないのか」という本を書いた。落語評論家は「初心者に対して極めて不親切」で、落語家の「誰が、どういう風に面白いのか」を教えてくれなかった、

と。

稲田和浩は教えてくれる。

この本の第三章「落語家論」には、むかし家今松から桂宮治までとりあげられてる。私は三笑亭笑三師匠がだいすきなんだけれど、その笑三師匠にインタビューしたときに、長生きの秘訣を聞いたら「ストレスを溜めないこと」と言われたそうだ。

「好きなことを気兼ねなく喋るのがストレスを溜めないコツかもしれない」

ものすごく笑三師匠の落語の本質に迫った言だとおもう。

立川談志について「落語ファンに談志原理主義者が多すぎる」って指摘にもどきりとした。気がつくと自分も、談志原理主義におちいっている。さいしょに落語にハマったのが、談志家元の噺だからしかたがない。

寄席でさいしょに観たのは、古今亭寿輔師匠だ。寿輔原理主義にもおちいりやすい。

（トーキングヘッズ叢書 No.59「ストレンジ・ペット」二〇一四年七月）

三遊亭圓歌『三遊亭圓歌ひとり語り　全部ウソ。』河出書房新社、二〇一四年十二月

寄席で圓歌師匠を観に行くと、たいてい「中沢家の人々」である。圓歌師の本名・中沢信夫さんの家で轟く愉快な老人たちの物語だ。実の親に先妻の親、新妻の親と、計六人。だから家には便所が六つ！

ってのは、ぜんぶウソみたいである。六人といっぺんに同居したことはなかったそうで。ウソツキ圓歌、といわれた師匠だもの。いくらか話を盛ってるのは仕方がない。

ロングバージョンの「中沢家の人々」は、自身の生い立ちなども語られる自伝的作品である。だから、圓歌師匠の人生についてはちょっと知ったようなつもりでいた。

ぜんぜんそんなことはないんですね。今回の本を読むと。

特に、三代目圓歌襲名前の、三遊亭歌奴で大人気だった時代はすごい。新作落語「授業中」でブレイクしたから、「爆笑大学　ただいま授業中」なんて番組もあったという。

初代林家三平とは「最大のライバルで親友」だったが、昇進は圓歌師のほうが半年早く。その披露目では、徳川夢声が祝辞を述べていたりする。

「歌奴さんは昨日までは奴ちゃんだった。しかし、今日からは違う。三遊亭歌奴師匠である。奴ちゃんではない」って、なんだか妙におかしい。

ちなみに、その後の圓歌襲名パーティでの祝辞は川島正次郎。引き出物は佐藤栄作の扇子だ。

おかみさんとの最期のシーンのような、だしぬけにホロッとするところもあれば。談志・圓丈・小三治など、後輩たちを温かく語った一幕も嬉しい。古典の本格派・三三師を評価していて、意外な感じもしたり。

そういえばこのあいだ、久々に圓歌師の高座を聴いた。演目はやっぱり「中沢家」。声はかすれていたけれど、やっぱり本当に面白かった。まだまだ圓歌師のウソを聴きたい。
（トーキングヘッズ叢書 No.62「大正耽美」二〇一五年四月）

柳家さん喬・柳家喬太郎『なぜ柳家さん喬は柳家喬太郎の師匠なのか？』
徳間書店、二〇一八年八月

理想の師匠、と言ってよい。柳家さん喬、喬太郎の師弟の対談本で、喬太郎の入門の経緯、弟子入りされる師匠の思いなどが語られているが、天才・喬太郎の師匠さん喬は、だからこそ師匠なのだと納得させせられる一冊だった。

喬太郎が入門したときのことを、師匠のさん喬はこう語る。

「私も弟子を育てるのが初めてなんです。喬太郎に何を教えていいかもわからないし、自分の中で、人を育てていくほどの器量もないと思ってもいる」

そして、弟子には必ずこう言うという。

「俺は弟子を育てる能力はゼロだけど、ただ水をやることだけは惜しまないよ」

「花を咲かせたり色をつけたりするのは、俺にはできないから、自分が花をつけなさい。その代わり、水を差すことだけは惜しまないから、吸って吸い上げてくれ」

一番弟子の喬太郎についてては、こう言う。

「『こいつは逸材だ』と思うことはあります。ただあそこは嫌いだなと思う部分もあります。ただ、「私が『お前、あれやめなさい』って言っちゃえば、もうこいつ、やれなくなるんですよ。師匠に言われているからやれない、やらない。でもそれは、こいつの芽を摘むことになる。だからそれは、こっちが我慢する。するとのちのち、『ああ、なるほど、俺の嫌いなところは、こうやって花が咲いたんだ』って思うことがありますね」

彼をだめにすることは簡単でしたよ、とさん喬は言う。けれど「俺がもし彼を潰してしまったら、落語の歴史に残る逸材を、俺が殺したことになるのかと思う。一方で、同じ噺家として情けない思いも抱えていた。極端なこと言ったら嫉妬です」

もう、ずっとさん喬師匠の言葉を引用するだけでいいんじゃないかと思うのだけれど。こんなにも弟子思いの師匠がいるのかと思う。そしてかたちはちがえど、どの師匠もそれぞれのやりかたで弟子のことを考えているのだろう。また弟子も師匠のその思いを、どこまでわかっているのだろうか。

喬太郎は柳家の心を守る。が、古典も新作もやり、「さん喬の弟子が新作なんて……」とも言われた。師匠のきらいな残酷描写も、いないところではじっくりと演る。「芝浜を違うふうにやったりとかは……」と眉をひそめるのに、喬太郎は三分で「ブルーライト芝浜」を歌ったり、ＢＬ噺

「カマ浜」にしたり。これがまた傑作なんだけど。

そんな柳家喬太郎は、この本の前書きで書いている。

「こんな鬼ッ子でごめんなさい。でも、師匠さん喬に破門されない限り、喬太郎は、胸を張って、柳家さん喬の弟子なのです」

中井久夫曰く、「不遇とは、師に遇わざることをいう」。もちろん柳家喬太郎は、不遇ではない。かくいう私もだ。私にとって師と呼べる人も、本当にすばらしい人で。私は逸材でない、ただの鬼ッ子だけど。

（トーキングヘッズ叢書No.77「夢魔」二〇一一年一月）

松本尚久『芸と噺と――落語を考えるヒント』扶桑社、二〇一〇年五月

家元の最晩年の高座を、どう表現したらよいのだろう。出ない声のなかで、必死に一席一席、語っていく姿……。

私が初めて立川談志の高座を見たのは、二〇〇六年頃だから、だいぶ晩年に近い。それでも、幾度かの休養を経て、復帰した二〇一〇年前後の高座は、なんとも言いがたかった。かすれ声で、咳き込みながら、それでもお客に落語を語るその姿は、まさに家元自身が言っていた「炎のごとくに己を語る」、談志のともしびの姿で、だからこそ私は、自分自身も病身で、大学の医学部を留年ま

でしている状態だったが、観に行かなければとおもった。

このころの家元を、山藤章二は「談志はピカソだ」と論じ、最後は一筆書きになったと評した。弟子の志らくは、一席一席、落語にお別れを告げているると思った、と語った。

この本で書かれていたことを、いま読み返すとしっくりくる。

「もともと、フラグメントを即興でつなぎ合わせ、その場かぎりの噺をつくっていくスタイルの高座だけに、体力低下に伴い、そのつなぎ合わせがうまくいかず、モザイクが素材のまま散乱したような、苦しげな高座だった」

「いまの満身創痍が、私には、長年にわたって引き受け続けてきた雑音や無秩序がもたらしたダメージのように見える。立川談志は、今現在の消耗を、自ら引き寄せたとは言えないだろうか」

そして、「〈下手に演ることが大事〉という主張が重要である」というのも、ほんとうだ。

談志はラジオのコーナー「新談志百選」で、小沢昭一「唐来参和」をとりあげ、「だが、おれのほうが凄い。なぜなら、おれのほうがもっと下手で、もっと不完全だからだ」と語ったという。

談志がさいごによみうりホールで「芝浜」を語ったとき、最前列の客がひどかった。かすれ声で必死に「芝浜」を家元がやるなか、腰のチェーンをちゃりん、ちゃりんと鳴らしながら出ていき、またちゃりん、ちゃりんと鳴らしながら戻ってきた。

「芝浜」のサゲの後、その客は「アンコール」と声をかけ、「芝浜のあとにアンコールはねえだろう」と家元は苦笑した。家元の芝浜に泥を塗りやがったと、当時はあの客に腹が立ってしかたなかったが、あの空間まで含めて、家元さいごの芝浜だったのだろうと、今は思える。

立川談志のそばに、松本尚久、和田尚久のような人がいてくれてよかった。ほか、桂小金治、古今亭寿輔、桂文字助、笑福亭松之助などについても、貴重な芸談、分析が読める。落語を聴くうえで、いいヒントをもらえる本だ。

柳家喬太郎『綿医者』(DVD「柳家喬太郎寄席根多独演会」所収)

体調が悪くて病院から行くと、内蔵がぐっちゃぐちゃだと言われる。みんなくさってしまっているから、いったんぜんぶ取って、新しい臓器をいれようと。ところが、臓器ぜんぶ取ったあとで気づく。臓器の在庫がない。

フツーそういうの確認してから手術はじめるだろうと思うが。そんな細かいとこどうでもいいような、夢のようなナンセンスの連続である。

ちょうど心拍が弱まっている心臓を取り出して、「間一髪だったね、これついてたら死んでたよ」ってスサマジイ。もちろん人工心肺がとか、そういうことではまったくないです。

新しい臓器が入荷するまで、代わりに綿をつめられる。中身は綿だから立ち上がってみて、「なんか、からだが軽くなりました」。奇想天外でSFチックな、椎名誠「胃袋を買いに」感ある話だ。

この噺は、柳家喬太郎が発掘した古典の演目らしい。やり手もキョン師匠くらい。お腹に綿が詰められた男は、そのまま家に帰される。飲み食いも自由とのことで、友達と大酒飲んで、タバコもスパスパ吸ってると、タバコの火が胸に入り、からだのなかの綿が燃え。水のんでようやくおちついて、心配した友人の「どうした？」の声に、「胸が焼けたんだ」じつにバカバカしい落語だ。それゆえに、人間の身体のはかなさ、ものがなしさがあらわれている。私らの中身なんかしょせん、綿で代えれるようなものだ、僕らも中身はからっぽなんだと諭してくれるようでもある。

友成純一「内蔵幻想」の、「人間の身体というものは、何と汚いものなのだろう。洋服なんぞを着るのは、人体＝糞便製造機にすぎないという本性を隠すためにちがいない」というくだりを思い出す。

そして同書にはこうもある。スプラッタとは、「肉体が薄汚い牢獄にすぎないことを暴露する手段なのだ」

柳家喬太郎の「綿医者」はスプラッタ落語だ、という見かたをしてみたい。バカバカしく笑えて、肉体を切り刻むシーンもどこかカラッとしているが、われわれの身体のみにくさをしっかりと描いている。立派な人間のふりをしていても、内蔵はくさりきっており、それは綿で代替可能なのである。そんなものは燃やしたほうがいい。

ウルトラQの出囃子で上がって、落語に入る前にキョン師匠は、肛門科で下部内視鏡を施行されたときのエピソードを語る。

あれはたいへんだという話のなかで、「何人かの方がうなずいていらっしゃいますが」と客席をまきこむ。内視鏡治療をうけるときの、滑稽なすがたをありのまま描いて共感の笑いが起こる。その共感は、我らみなみにくい存在だ、こんなぶざまな格好をしてまでも生き永らえようとしてきた存在だ、ということへの共感である。

こんな過激な演目を、柳家喬太郎はフツーの寄席の流れでぶち込んでくる。そして、くさった客席は、それを歓迎して受け止める。寄席は江戸の昔から、中身も外見もくさった連中が引き寄せられてくる場所だ。

（トーキングヘッズ叢書 No.82「もの病みのヴィジョン」二〇二〇年四月）

第五章　忘れたくないあのひとたち

三笑亭笑三「てれすこ」（二〇一四年六月十四日、国立演芸場）

上から読んでも下から読んでも、な師匠である。確か現役最長齢、御歳八十九だったはずだ。そんな箇条書きの特性がなくても、大好きな落語家さんである。カン高い声にキョロキョロした目、芝居がかった妙な口調、すべて、マイナスに振れることもありそうな要素ばかりだが、このお爺ちゃんのばあい、すべて笑三師匠ならではのおかしみと愛嬌に変わっているのだ。いわゆるフラというやつですね。ヨタヨタと姿を現して、高座につく前に舞台袖で丁寧にお辞儀をしたところから、既にこのお爺ちゃんのとりこになっていた。

いわゆる「昭和の爆笑王」初代林家三平の、ギャグ作家でもあったとか。平成も二十五年目になって、いまだにそのひとの時事ネタが聴けるのはすごいことだ。マクラでは消費増税の話題から、

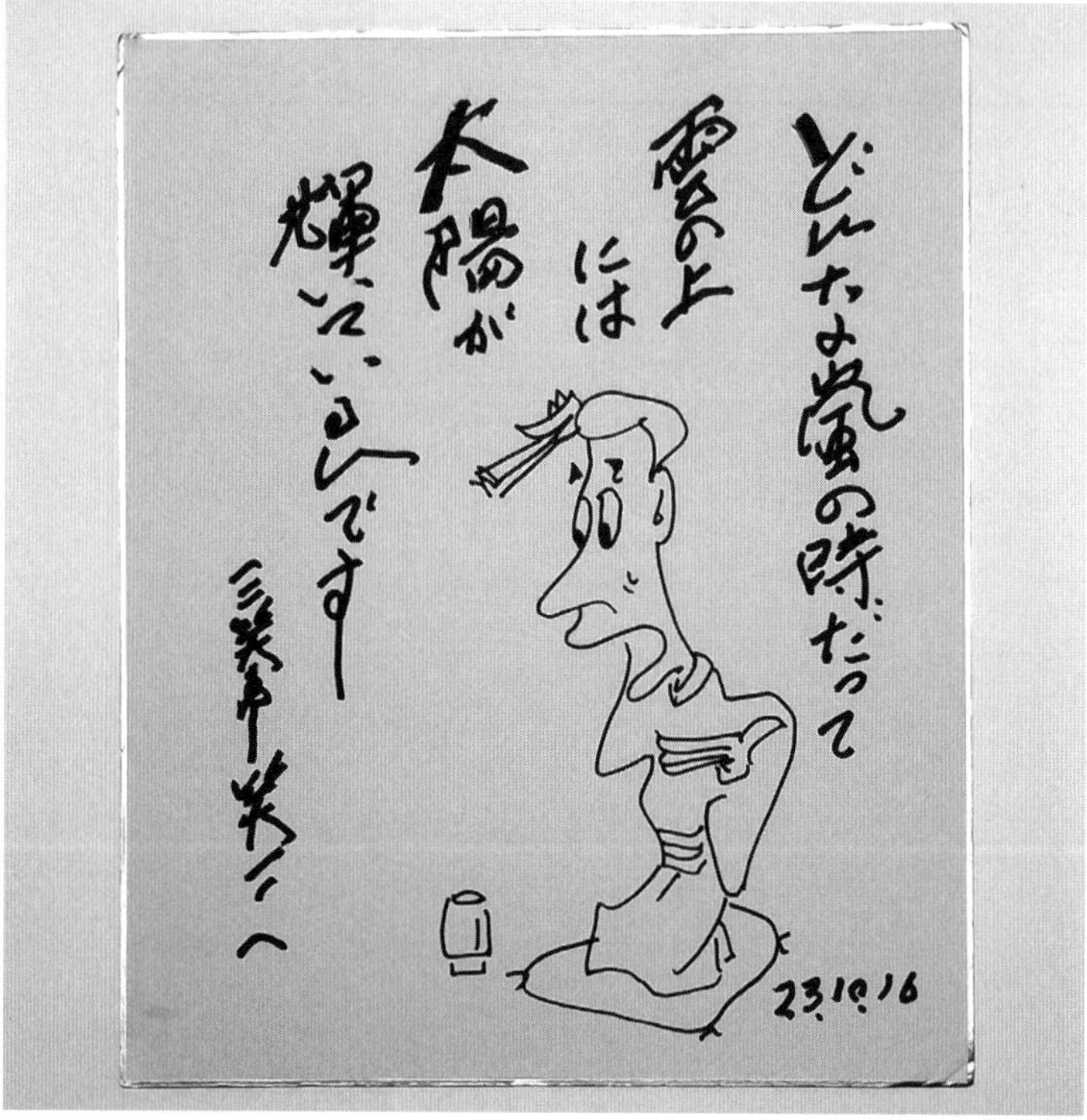
どんな嵐の時だって
雲の上には
太陽が
輝いているんです
三笑亭笑三
23.10.16

三笑亭笑三師の色紙

一円玉の製造費、拾うときにかかるエネルギーの話。一円つくるのに四円かかるとか。地味に知られた雑学だけれど、笑三師匠の口から聴くと改めておかしく、笑ってしまう。落語ってそういうものだよな、としみじみ思いかえしたりする。

神社にお参りしたときの、御賽銭の金額は、五円がいちばん多いんだそうだ。

「長年の調査、リィサーチの結果……」だそうだから、とっても信頼できるんじゃないですか。

「いえいえ、今日きていらっしゃるお客様は……」。笑三師匠はそうつけ加えたが、僕もそういえば五円派で。だからあんま願い叶ってないのか。

落語のほうは、ほぼ全篇ルー大柴ふうの英語で「桃太郎」を軽く語ったあと「てれすこ」に。タイトルだけ聞くと謎すぎるな。

「てれすこ」は魚の名前ですね、干すと「すてれんきょう」になる。この名をめぐって、百両が飛び交い牢屋に入れられ打ち首獄門と裁きがくだって家族と涙の別れがあり……大スペクタクルな書きかたをしてみましたが。

いやあ、本当にずっと面白かったです。2ちゃんねるでは「三笑亭笑三　面白くなくて好き」なんてスレッドも立ってて、このスレタイに一部、共感するところもあるんだけど、やっぱすっごい面白いし大好きです。

時おり心配になるほどの間も、お爺ちゃん的魅力のひとつである。あばたもえくぼ感あるが。

（トーキングヘッズ叢書No.60「制服イズム」二〇一四年十月）

林家さん歩「首提灯」（二〇一三年六月二十三日、鈴本演芸場・早朝寄席）

毎度毎度気になってはいたんですが。さん歩さんの独演会「革命前夜」。タイトル勝ちですよねもう。でも毎度毎度タイミングが合わなくて。

まあ鈴本演芸場は近所だし、五百円の早朝寄席だからって聞きに行くといきなり愚痴である。日曜の朝から他人の愚痴を聞くの、わりと嫌いじゃない。

「あんまりネットとかに、悪口書かないで、ねー。林家さん歩、で検索したら悪口しか出てこない。やめてね？」

このタメ口の感じ。近所の気のいい兄ちゃんみたいで好きだ。いないけど、近所にそんな兄ちゃん。いたらいいなと思う。

「ロス・ロスの関係はやめましょう。ウィン・ウィンでいきましょうよ、ねえー。たまにウィン・ロスってことがあって、これは本当にもう」

ウィン・ロスは確かに嫌すぎる。でもまた、世間では悪口がうまい人がもてはやされるから本当に困る。また、こういうこと言ってる自分がすぐ他人の悪口を言いそうになるのはいちばん困る。

いや、でもさん歩さんの悪口を言いそうになってるわけではなくて。

さん歩さんが前座のころ、「無限落語」の開口一番でユルい妙な新作を演じたのを聴いたことがあるけれど。今回も開口一番。古典「首屋」だった。

自分の首を売って歩くという、ナンセンスな古典だからこそか、しごく真剣に。枕とはうってかわった、張りつめた口調とか。こんな面もあったんだ、と。また、こんな噺を開口一番でやるというのも。何日か後に、それをネタ出ししてる大事な会があったからかもしれないけど。

落語協会の幹部も客席で聴くという、池袋演芸場の「二つ目勉強会」。ここで噂になった一之輔さんは、二十一人抜きで真打に昇進したけれど。

さん歩さんもそうなったら面白いなと。ま、さん歩さんの芸風じゃ、わあ危ない悪口書きそうになった。


（トーキングヘッズ叢書No.56「男の徴／女の徴」二〇一三年十月）

「立川左談次のひとりでやる会」（二〇一六年三月十日、日暮里サニーホール）

一週間後に国家試験の発表を控え。通ったらブラックな医療業界に入るもんで、受かっても落ちても修羅の道というヤな感じだったわけですが。

同級生は卒業旅行、香港やラスベガス行ってるらしいんで、私も対抗して日暮里に。ご近所です。はたらくのきらいな左談次師匠の、久しぶりな独演会。「ひとりでやる会」って言いつつ三人くらい出る、ってみんなに突っ込まれてる会。

今回は一番弟子の、左平次師匠の真打披露口上ありということで。開口一番、「このたび左平次を、破門にしました」。

で、注目の左談次師匠ネタおろしは、四十五年ぶりという「子ほめ」。前座噺かよ、ってのがこの会のゆるさでいい感じ。でも、四十五年ぶんの熟成というか、「前座噺をベテランがやると違う」っていうアレ以上のものがありました。

休憩はさんで、ラストは「錦の袈裟」。スゴイ勢いの与太郎がでてきてからの、「お前は古今亭志ん五か」にも、笑いと、ほんのり寂しさが。僕も大好きだったんですけどね……。

この噺について、左談次師匠曰く。「以前この会でもやったかもしれませんが、ネタ帳つけてないもんで、わからない。前回のネタすらわからない。私がわからないくらいだから、みなさんも忘れてるだろうということで……」っていう、このテキトーな感じ大好きです。

ブラック業界入りしたあとも、こんなふうに力まず生きてたい。

（トーキングヘッズ叢書 No.67「異・耽美」二〇一六年七月）

「三笑亭笑三レトロスペクティブ」（二〇一六年七月九日、浅草東洋館）

まさに奇跡の夜だった。こんな表現たぶん初めて使うね。ハプニングが一度ならまだしも、連続して起きて、すばらしい一夜になった。

浅草、東洋館。以前は伝説のストリップ劇場「フランス座」で、その前は映画館だった。今や浅草にキネマはないが、「六区に映画の灯を燈す」なる企画の第二弾。落語界の最長老・三笑亭笑三特集で、笑三監督の落語家映画「ねどこプロ」作品ふたつと、笑三師匠の落語とトーク。

今回上映された作品は、三枚起請・お見立てなど、古典落語がモチーフになってる。笑三監督によるとこの映画を撮ったのは、落語家の姿を映像で残すのが目的だったんだそうだ。なるほど、当時のテレビは放送されっぱなし。フィルムがほとんど残ってない時代である。

そこへいくとこの映画では、柳亭痴楽や春風亭柳朝など早くに病に伏した師匠連も、実に生き生きと映ってる。なかでも「破壊された顔の持ち主」痴楽師匠の顔芸はすごい。花魁のウソっこの死を大げさに悲しがる表情、笑わざるを得ないって感じだ。

もちろん、笑三師匠の落語もすばらしかったが……。十八番の「ぞろぞろ」が、話の途中までいって少し前に戻るというループを繰り返したりしてドキドキだった。御歳九十一だものなあ。とか勝手に納得してたら、「こんなこと、何べんも言っても仕方ないんですけどねぇ」なんてセルフ突っ込みしたりして、マジでボケてるのか洒落なのか謎だ。

そういえば。「ぞろぞろ」という噺自体、荒物屋でわらじが売れても売れてもぞろぞろ出てくる、というループものの話だった。

ゲストは、活動弁士の片岡一郎。昭和三年の米国サイレントコメディ『Keep Smiling』が説明つきで上映された。むかしは上映中、停電などでフィルムがとまってしまうことが多く。弁士がつなぎで喋るのが発展して、徳川夢声たちのような漫談家が生まれたという。

そんなくだりを聞かされたあと、ラストに笑三監督作品『ウルトラガイド』上映中、落ちの直前で上映ストップという。なんでも、収録したＤＶＤの読み込み不調らしい。けっきょく復旧はせず、笑三師匠たちが再登場して三本締め。次回はちゃんと観れるのを願って、とのことだが、次はこれ以上のハプニングを期待。

（トーキングヘッズ叢書 No.68「聖なる幻想のエロス」二〇一六年十月）

小松政夫「いつも心にシャボン玉」（二〇一七年一月八日、よみうりホール）

その活躍の全盛期は知らない。

クレージーキャッツの青島幸男ソングは大好きだから植木等関連も調べ、付き人に小松政夫ってのがいて、淀長さんのものまねやら、「あんたはエライ！」、「知らない、知らない、知らない……」、「小松の親分さん」なんて細かなギャグもあるのを知った。イッセー尾形との舞台「びーめん生活」なんてＤＶＤを観て、相方の小松さんも何か凄いなと気づいた。

芸能生活四十周年記念公演もＤＶＤになっている。「楽屋の王様　ギャグこそマイウェイ！」。ギャグこそマイウェイ。思わず繰り返しちゃうくらい心に響いてたりするけども。内容ももちろん。芸能プロ社長に扮したコントは、哀愁つまったすばらしいものだった。山藤章二曰く、狂気を秘めた普通人。

今回の五十周年記念では、豪華なビッグバンドを揃えたバラエティ・ショウ。昭和のスターがやったような生バンドでの大舞台、ああいうのをまたやりたいねと、親分さんが話したのがきっかけだったそうだ。

軽やかなジャズの音楽で始まる。曲に合わせて踊るけど、すぐに息切れして酸素吸入器に。また踊りを再開しては、倒れて担架で運ばれ、かけたものの置いてかれ。けっきょく一人で舞台袖によぼよぼと去るっていう、なんだかすごいオープニングだった。

「四十周年」ＯＰはデビュー作の、いまや天国の淀川長治ものまねだったのとは対照的か。イヤ、あんがい共通してたりするか。

その後、小松さんがバンドの指揮棒もって、とたんにクシャミしたり。ケータイに電話がかかってきたり。そのたびに曲調がグズるというお決まりのコントやら。園まり・東京03・はなわを回答者に「小松政夫クイズ」。そのなかでも、定番のギャグを繰り返す小松政夫には凄味があった。

で、舞台のラストに歌った、五十周年記念に出したというＣＤの曲が素晴らしかったんだ。

「親父の名字で生きてます」

生みの親と植木さんって、二人の親父を歌った曲。コミックソングじゃないから……って小松さんは照れてるようだったけど、今後はこういうのも出していってほしいと思った。

カップリングでは、園まりとデュエットの「あんたなんか」。植木等が出した曲のカバーである。「スーダラ節」とかも歌ってほしいナと思ってたら、数年前の「天国のシャボン玉ホリデー」で既にやってんですね。谷啓が亡くなって、天国で待ってたクレージーのメンバーが番組をまたやるっていう。コレも是非観たいじゃないですか。

五十周年なんだからどんどんＤＶＤも出してほしいもんです。今後の夢という「小松政夫一座」興行も是非。

（トーキングヘッズ叢書No.70「母性と、その魔性」二〇一七年四月）

立川左談次「四季の小噺」（二〇一七年一月三日、西新宿ミュージックテイト初席）

食道癌だそうである。一昨年の夏ぐらいから、抗癌剤治療のため入院を繰り返し、「ガン病棟の人々」なんて漫談ネタもやり、かるぅい芸風は変わってなかった。

昨年九月には「立川左談次落語家生活五十周年記念興行」も五日間おこない、どの日も満員御礼であった。

でも。昨年晩秋くらいから。声が出づらくなり。×と書いたマスクで高座にあがり、スケッチブックに文字を書いて古典落語をやる「サイレント長短」、「サイレント饅頭こわい」なんというネタを編み出した。なんという芸人根性。すごい、としか言いようがない。

これは観なくては、でもチケットがとれない、あれあれと思ってるうちに年が明けて、正月興行でようやく聴けた。

この日の左談次師は、声は出ていた。けれど以前のような、軽く明るい声でない。シブい、低い、シワガレ声なんて表現にもなる。

「こんな声なんで、まとまった噺はできませんから……」と笑わせてから、「師匠談志も以前やっていた『四季の小噺』という、みんな爆笑するようなすごく面白い話はありませんが、江戸の人はこんなので笑っていたんだなあというのを……」と、ここでスケッチブックを出して、一月から順に十二カ月の、季節折々の小噺を語っていく。

小粋で笑えるものもあれば、ちょっとエロチックなものもあり。西新宿の狭い会場にギッシリ詰まった客席で、いい正月だな、としみじみ思う。いい一年にしたいなと思った。師匠の立川談志も、かすれ声でジョークを延々と一時間近くやっていたのを思い出す。

左談次師の高座のあと、談志門下ではおとうと弟子にあたる快楽亭ブラック師が、「兄さん、その声で落語やってると、名人に聞こえるね」。笑いながら頷いた。

左談次師は癌になってからも、落語家としてのステージをどんどん登っている。また来年の正月も、左談次師匠のこの噺が聴きたい。

（トーキングヘッズ叢書No.74「罪深きイノセンス」二〇一八年四月）

あの日の「立川談志独演会」(二〇一〇年十二月二十三日、よみうりホール)

二〇二一年四月のいま。十年以上前の、あの日のことを思い出して書く。

その会はもともと、二〇〇七年の「伝説の芝浜」のVTRを観る、という会だったはずだ。昼の部、夜の部とあって、夜の部には家元がトークゲストで出る。

年末恒例、よみうりホールでの「談志の芝浜」の会は、あの年はVTR。でも、いまの立川談志が観られるのならと、夜の部のチケットを買った。

日原さんはざつな人だから、チケットを発売日当日に買う、なんてことはあまりしない。気づいたとき、買えなければあきらめる。それでずいぶん、損をしてきたと思う。

この会のチケットは、発売日をすぎてもゆうに買えたはずだ。

その後、家元が言い出したらしい。夜の部はVTRでなく、生で芝浜を演る!

その情報が出回ると、すぐにチケットは完売になった。

しかし、当時の談志師匠は……私が初めて、このホールで「芝浜」を聴いた二〇〇六年より、さらに体調はよくなさそうだった。休養を何回も繰り返し、「立川談志復活祭」という落語会も、体調不良で中止になったこともあった。

しかし、紀伊国屋ホールでその年の春、高座復帰したあとの家元は、ひとまずは予定される会の出演をつづけていた。「立川談志一門会」や、弟子の会のゲストとして。

聴いていてものすごくつらくなる、かすれ声で懸命に声をふりしぼり、咳き込みをくりかえしながら、立川談志は「落語」を演った。「明烏」、「金玉医者」、「子別れ」……。

のちに弟子の志らくは、「師匠は一席一席、落語にお別れを告げているようだった」と語ってた。

会の前半はトークライブ。談志を慕う山中秀樹と、志らくと、家元。そして、後半は「談志の落語」。

高座の立川談志は。「むかしは独演会って言いますと、三席もやったもんだけど」とか細い、かすれ声で話しながら、それでも「落語チャンチャカチャン」、「権兵衛狸」をやった。ごーんべ、ごんべ、と呼ぶタヌキがかわいい演目だが、それを喉をふりしぼるような声で演る立川談志は、すさまじかった。人生をドキュメンタリーとして落語で表現してきた談志の、究極の姿がそこにあった。

中入りの際、ロビーへ向かう高田文夫をみた。なんとも硬い表情だった。

そして「芝浜」。その最中に、家元が懸命に語りこんでいる最中に、前の方の席の陽キャっぽい男性が、腰のチェーンをちゃりーん、ちゃりーん、と鳴らしながら、ゆっくりと外に出ていった。

ばかやろう。トイレでも行くなら、せめてしずかに出ていけ。いま家元が、痩せて枯れさばらえて、それでも天下の「立川談志」が、高座で何をしているかわかっているのか。人生最後になるかもしれない芝浜を、いまの力のせいいっぱいで演じているのに。胸のなかが怒りでいっぱいになった。

男は十分ばかりして、また、ちゃりーん、ちゃりーん、と、おなじような音を立てながら戻ってきた。むかしの家元なら怒っただろう。が、いまの家元は、目の前の落語にせいいっぱいだ。

拍手で、幕がとじて。いつものとおり、カーテンコール。

そこであの男は、「アンコール！」とさけんだ。「芝浜のあとにアンコールもあるもんか」と、ちょっと笑いながら、頭を下げた。談志は、自分のお客には優しいのだ。

二〇一〇年、年末の、立川談志だった。

翌年の春、手術で声を失うまで、何度か家元の高座を観に行った。「子別れ」。まさか、通しでやるとは思わなかった。へんくつで、乱暴で、ひょうきんで、とっても優しい、素敵な人だった。

さよなら。さよなら。さようなら、家元。（二〇一一年十一月二十五日記）

小三のころ、図書館で落語にはまった。親に上野の寄席に連れて行ってもらった。

そのとき聴いたのが古今亭寿輔だ。コアすぎる。

キラキラの着物で「高座にいきなり、熱帯魚がでてまいりまして……」って、びっくりしていた。

今じゃ大好きな噺家だが、当時はそれっきり、二度と落語なんか聴きに行かなかった。

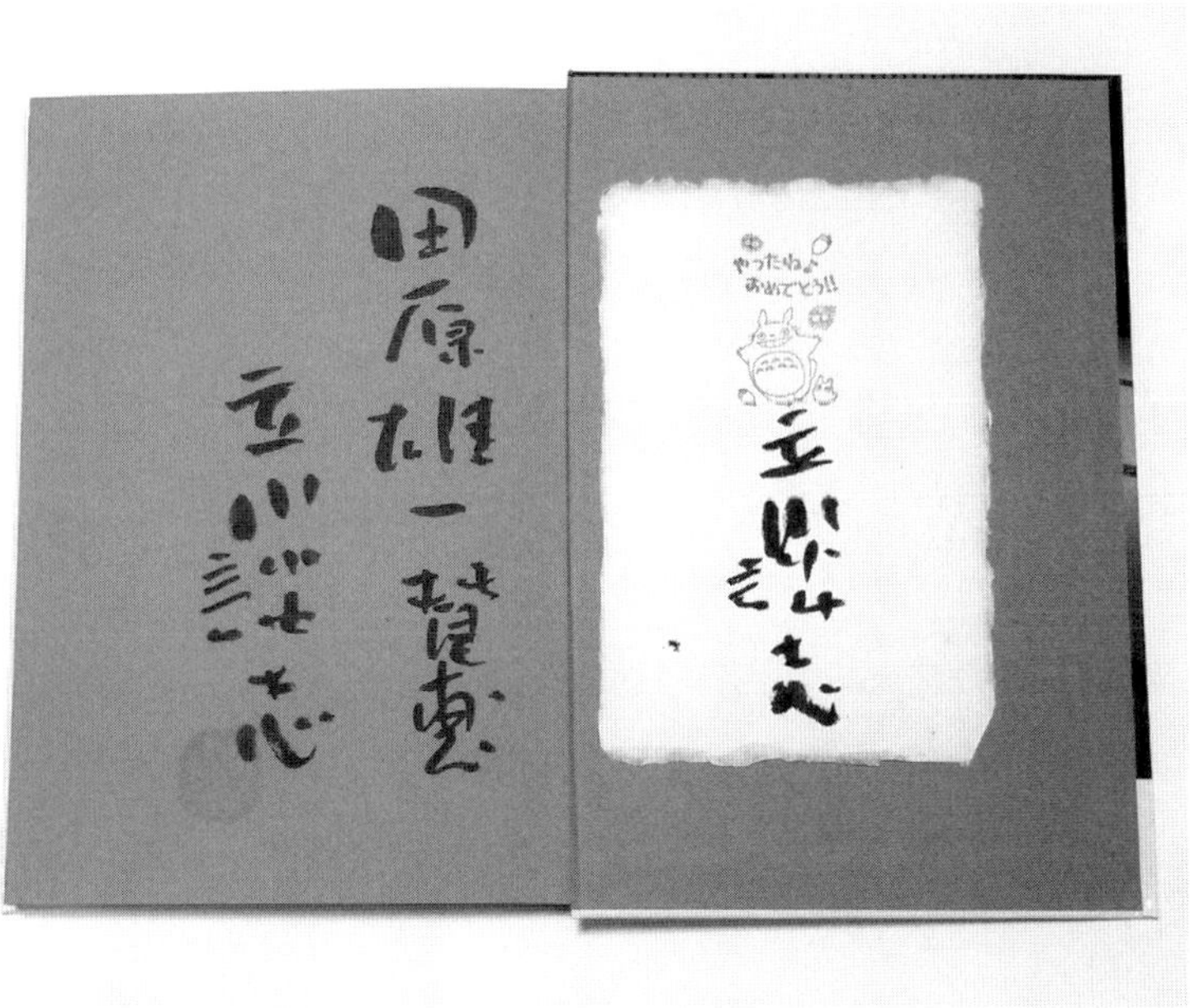

記念すべき名前を間違えられた談志師の色紙

それから。読む本では、山藤章二が大好きで。吉川潮が大好きで。二人の話を聞きに紀伊國屋ホールのイベントに行った。高二の春、四月。

そこに談志も出ていた、二人がすごいと褒めてたので、ＤＶＤブック『談志独り占め』も買った。そこで生涯二度目の、生の落語。立川志らくの「茶の湯」。

すげえ面白かった。知ってる内容なはずなのに、いろんなギャグがちりばめられて、めちゃめちゃ笑ったのをおぼえている。


終了後にサイン会。談志師匠に思いっきり名前まちがえられて、為書きが「田原雄一さん江」ってなってる。面白くってそのままにしておいた。

そのあとに抽選会があって。志らく師匠、山藤章二、家元、それぞれがプレゼントのチケットを用意してた。志らく師匠は、当選者だけの落語会。山藤章二は、「寄席山藤亭」のチケット。

私も当たった、談志のぶんが。当選のチケットはあとから、郵送で来るという。

でもなかなか来ないんだ。貰えるはずのチケットが、いつまで経っても来ない。買った本のＤＶＤもみる気になれず、ようやく来たのが十二月。

遅えよ、なんて思ってた。わざわざ十二月まで待たせてる意味なんてわからずに。

よみうりホール、リビング名人会、立川談志独演会。

「電気屋の上じゃ、ねえ。弘法も筆を選ばず、って言うけど……限度があるわな」

笑った。ビックカメラの、メチャ混みのエレベーターをさっき体験したばっかだったから。

そして「ぞろぞろ」、「芝浜」。

衝撃なんてもんじゃない。帰ってあわててDVD聴いた、「居残り」、どかあーん。


それから、CDは図書館で、本とDVDはネットで買い続けた。チケットは即完売だったから。

それに談志の公式サイトからだと、サイン入りで買えたのだ。

『談志人生全集』は全三巻そろえた。『遺言大全集』は学生の身じゃさすがに無理で、『早めの遺言』とか五冊ぐらい、コツコツと。

『大笑点』なんて本もあった。サインとともに書いてあった言葉、「俺、この本大好き也」。私もそうです師匠。

誌上大喜利なのだが、たとえば、鈴木宗男に対して「顔が偽証罪」なんて。「ムネヲ張って歩け!」ってのもあったなあ。

でも一番は、『談志百選』。懐かしの、現役の芸人たちへの家元の愛情が伝わってきた。挿絵は山藤章二だしね。

根津のガレージセールへも行った。ただ黙々と、家元がしぶい顔してものを食べてたり、なにか書いたりするのを見てるだけ。

でもすごい熱気だった。通りがかりの人が、「談志がなにやってるのよ」ってぷりぷり怒るぐらい。

高三の頃、受験前の秋。ジイさんが死んだ。

かなしくて思わず落語を聴きに行った。新百合が丘まで。

「立川談志落語会」。談志「田能久」に、談笑「片棒・改」。

効いたなあ。ショック療法とでもいうのか。祖父が死んでかなしい気持ちも、すこし癒されて帰ってきた。

生で聴けたのは、他に「やかん」、「金玉医者」、「子別れ」、「明烏」、「短命」、「権兵衛狸」、「落語チャンチャカチャン」ぐらいか。

声が出ないから落語でなく、それでもジョークを一時間近くやったこともあった。生で聴けてよかったのは、「やかん」と「金玉医者」。「落語チャンチャカチャン」にもびっくりした。

でも「堀の内」、「二人旅」、「松曳き」、「鼠穴」、「鉄拐」、もう絶対聴くことができないんだ。

埼玉は越谷まで、三枝との二人会に行ったこともあった。ふたりの対談で、お互いがお互いをものすごく愛してるんだろうとわかった。立川談之助師匠も、口ではさんざんなことを言うけどやっぱり師匠が本気で好きなんであった。

家元の色紙は何枚か持ってる。DVDボックスを買ったら、くれたのだ。

「人生成り行き也」が二枚。そのとおりにいま、生きている。あと「お立合いにバイアグラはないか」。バイアグラってのも懐かしい単語だなあ。

「トーキングヘッズ叢書」に初めて投稿し、載れたなかに、『談志が帰ってきた夜』の書評もあった。今度書いた長めの評論っていうか雑文、「妄想大培養inボンビー集合住宅」にも、談志の言葉を二回、引用させてもらった。

「本の雑誌」、山藤章二の「ぼけせん町内会」でも、談志ネタでいくらか、載せて貰った。

千駄木に父親のクリニックがあって、根津のマンションはすぐそばだった。仕事で立ち寄った母親が、散歩中の談志を見つけたらしい。信号待ちの途中、話しかけたという。

「タチカワ談志さんですよね?」

「はい、そうですが」

「息子がファンなんです」

「そうですか。いや、センスがいいですよ。礼儀がわかってるってことです」

自分から話しかけたくせに、うちの母親は。談志さんの話が長くなりそうだからと、にこっと笑って別れたらしい。

いろいろとフザケンナなエピソードだ。でも、今となっては宝物だ。

手術で、声帯切除を拒んだらしい。先代馬生と同じ選択をしたのだ。

馬鹿だよ、師匠。喋れなくたって談志は談志なのに。家元の文章、もっと読みたかった。

もう書くことがなくなってきたなんて言いながら、「週刊現代」の連載は永遠に続くような気さえしていた。

先日書いた小沢信男本のレビュー。

「団鬼六も北杜夫も立川談志もいないこの地上、だが、まだ小沢信男がいてくれた。丸谷才一も元気だし」

たぶん載るのは、ずっと先だが。落語界で言えば、志らくも天どんも、一之輔もこしらも談之助もいる。小三治だって大好きだ。米丸だって笑三だって……。

でも談志の穴は埋まらない。あまりに個性的であまりにいびつで、あまりに巨大過ぎるから。

こしらさんのＮＴＹ２、まだ始まらない。

談志の孫弟子初の真打。誕生を家元は、見れなくなった。……っていうか慎太郎さん、若いころの家元に激似じゃん。談志継いでくれよ！

あとがき　《偏愛的寄席がよい》について

今回この本を編むにあたり、「トーキングヘッズ叢書」その他に書いてきた落語会のレビューなどを読み返してみて。

ずいぶん偏っているなあとおもった。

まっとうな落語ファンなら、柳家権太楼、柳家さん喬や、桃月庵白酒や柳家三三、立川談春や三遊亭兼好の各師匠の会にもっと出掛けているはずだ。

正統な寄席ファンなら、五街道雲助、金原亭伯楽、昔昔亭桃太郎といった師匠のこともっと書いているにちがいない。いえ権太楼師匠も伯楽師匠もだいすきなんだけど、どうしてかレビューでは触れてないですね。

柳家喬太郎とイエス玉川についての文章がやたらに多い。三遊亭天どん師匠、古今亭寿輔師匠の出る寄席にはさいきんも出掛けている。こんな自分の好みが、落語好きとしてスタンダードではないことはわかっている。

二〇一一年から二〇二一年まで。大学の医学部の実習後や、研修医になり精神科に入り、日々の仕事の疲れが溜まっていくなかで。出掛けられる落語会は、そう多くない。

だから、ほんとうにすきな人が出る会にしか行っていなかった。柳家喬太郎、イエス玉川、夢月亭清麿、三遊亭天どん、桂笹丸……。

大学を留年した最中も、国家試験でどたばたしている最中も、あの会に行ってよかった、としみじみおもう。でももう、三笑亭笑三師匠や立川左談次師匠の会に行くことはできないんだ。

とくに、このコロナなご時世である。演者さんも私も、いつどうなってもおかしくない。ふだんから一寸先は闇で生きている私だが、この二年ほど闇がとくにふかかった。

だからこそ、観たい落語家さんの出る会には、できるだけ観に行きたいと思う。

この本の刊行にあたっては、彩流社の河野和憲社長にたいへんお世話になりました。おいそがしいなか、時間をとって落語の話をうかがえて、とてもとても楽しかったです。また、この本への収録の許可をいただいた、トーキングヘッズ叢書の鈴木孝編集長にも、ほんとうに感謝しています。トーキングヘッズ叢書に原稿を書かせていただいていなければ、自分がいま生きているかどうかもあやういと言える。そのほかお世話になった方がたは、数えきれないほどいるのだけれど、みなさんにいっぱいの感謝をささげたい。ありがとうございました。

二〇二一年四月　　　　　　　　　　　　　　　　　日原雄一

【著者】
日原雄一
…ひはら・ゆういち…
1989年6月東京生まれ。暁星高校および帝京大学医学部卒業後、帝京大学医学部附属溝口病院で初期研修後、溝口病院精神科に入局。自殺予防のスペシャリスト・張賢徳先生の下で学ぶ。日本総合病院精神医学会で「精神科初診患者の自己診断に関する検討」を発表。精神科初診患者が話す自己診断はおおむね正しいことを述べた。2010年「落語協会落語台本コンテスト」に「兄さんのケータイ」(三遊亭白鳥・演)で優秀賞、その他受賞歴多数。2011年より「トーキングヘッズ叢書」に「うろんな少年たち」「私が愛したマジキチ少年アラカルト」「生き延びるための逃走術」といった漫文を書く。その文章は「貴文はたのしい」(小沢信男)、「文体は独特でとてもいい」(荻原魚雷)、「大いに愉快でした」(嵐山光三郎)と評された。

Sairyusha

落語《らくご》は生《なま》に限《かぎ》る！

二〇二一年六月三十日　初版第一刷

著者――日原雄一
発行者――河野和憲
発行所――株式会社 彩流社
〒101-0051
東京都千代田区神田神保町3-10
電話：03-3234-5931
ファックス：03-3234-5932
E-mail：sairyusha@sairyusha.co.jp
印刷――明和印刷(株)
製本――(株)村上製本所
装丁――中山銀士＋金子暁仁

ISBN978-4-7791-2761-8 C0076
http://www.sairyusha.co.jp

フィギュール彩

《既刊》

⑫ 大人の落語評論

稲田和浩◉著

定価(本体 1800 円+税)

ええぃ、野暮で結構。言いたいことがあれば言えばいい。書きたいことがあれば書けばいい。 文句があれば相手になるぜ。寄らば斬る。天下無双の批評家が真実のみを吐く。

⑱ 忠臣蔵はなぜ人気があるのか

稲田和浩◉著

定価(本体 1800 円+税)

日本人の心を掴んで離さない忠臣蔵。古き息吹を知る古老がいるうちに、そういう根多の口演があればいい。さらに現代から捉えた「義士伝」がもっと生まれることを切望する。

⑲ 談志　天才たる由縁

菅沼定憲◉著

定価(本体 1700 円+税)

天才の「遺伝子」は果たして継承されるのだろうか。落語界のみならずエンタメ界で空前絶後、八面六臂の大活躍をした落語家・立川談志の「本質」を友人・定憲がさらりとスケッチ。

フィギュール彩

〔既刊〕

⑪ 壁の向こうの天使たち

越川芳明◉著

定価（本体 1800 円＋税）

天使とは死者たちの声なのかもしれない。あるいは森や河や海の精霊の声なのかもしれない。「ボーダー映画」に登場する人物への共鳴。「壁」をすり抜ける知恵を見つける試み。

㊼ 誰もがみんな子どもだった

ジェリー・グリスウォルド◉著／渡邉藍衣・越川瑛理◉訳

定価（本体 1800 円＋税）

優れた作家は大人になっても自身の「子ども時代」と繋がっていて大事にしているので、子どもに向かって真摯に語ることができる。大人（のため）だからこその「児童文学」入門書。

㊵ 編集ばか

坪内祐三・名田屋昭二・内藤誠◉著

定価（本体 1600 円＋税）

弱冠32歳で「週刊現代」編集長に抜擢された名田屋。そして早大・木村毅ゼミ同門で東映プログラムピクチャー内藤監督。同時代的な活動を批評家・坪内氏の司会進行で語り尽くす。

フィギュール彩

〔既刊〕

⑫大阪「映画」事始め

武部好伸◉著

定価(本体1800円+税)

新事実！大阪は映画興行の発祥地のみならず「上映」の発祥地でもある可能性が高い。エジソン社製ヴァイタスコープの試写が難波の鉄工所で1896年12月に行われていたのだった。

⑪百萬両の女　喜代三

小野公宇一◉著

定価(本体1800円+税)

「稀代の映画バカ小野さんがついに一冊かけてその愛を成就させました！」(吉田大八監督)。邦画史上の大傑作『丹下左膳餘話・百萬両の壺』に出演した芸者・喜代三の決定版評伝。

⑯監督ばか

内藤誠◉著

定価(本体1800円+税)

「不良性感度」が特に濃厚な東映プログラムピクチャー等のＢ級映画は「時代」を大いに反映した。カルト映画『番格ロック』から最新作『酒中日記』まで内藤監督の活動を一冊に凝縮。